Ulrich Schneider

KRISE

Das Versagen einer Republik

WESTEND

Mehr über unsere Autoren und Bücher:
www.westendverlag.de

Die Deutsche Nationalbibliothek verzeichnet diese Publikation
in der Deutschen Nationalbibliografie; detaillierte bibliografische
Daten sind im Internet über http://dnb.d-nb.de abrufbar.

ISBN: 978-3-86489-454-1
1. Auflage 2024
© Westend Verlag GmbH, Neu-Isenburg 2024
Umschlaggestaltung: Buchgut, Berlin
Satz: Publikations Atelier, Weiterstadt
Druck und Bindung: Friedrich Pustet GmbH & Co. KG, Regensburg
Printed in Germany

Inhalt

Worum es (mir) geht

Seit Februar 2020 befindet sich Deutschland im Krisenmodus und noch nie, dieser Superlativ ist keine Übertreibung, stand diese Gesellschaft so unter Druck wie in den letzten Jahren – wirtschaftlich, politisch, moralisch und sozial. Das Zusammentreffen von Coronapandemie, explodierenden Lebenshaltungskosten, einer Energiekrise und einem Krieg mitten in Europa dürfte die wohl größte Herausforderung und Bedrohung darstellen, vor der diese Republik je stand. Dazu und über all dem noch eine Klimakrise, in der es um nicht weniger als unsere Zukunft auf diesem Planeten geht.

Gesellschaften können in solchen Krisen zusammen- und über sich hinauswachsen. Sie können zu einem starken Wir-Gefühl und zu großer Solidarität finden. Sie können aber auch einfach daran zerbrechen. Es kommt auf die Verfassung an, in der sich eine Gesellschaft befindet, wenn die Krise sie einholt. Und auf die politischen Kräfteverhältnisse im Lande. Diese sind entscheidend für den Umgang mit der Krise und mit den Menschen.

Ziel eines jeden Krisenmanagements muss es naheliegenderweise sein, eine Gesellschaft zusammenzuhalten, zu verhindern, dass sie in der Krise immer weiter auseinanderfällt. Bei einer jeden krisenpolitischen Maßnahme ist die Frage zu stellen: Wie wirkt sie sich auf den sozialen Zusammenhalt aus? Die prächtigsten volkswirtschaftlichen Kennziffern nutzen gar nichts, wenn eine Gesellschaft als Ganzes nicht mitgenommen wird. Je mehr eine Gesellschaft zerfällt, umso mehr leidet ihre Resilienz. »Gleichere« Gesellschaften sind krisenresistenter, haben es leichter, Krisen zu überwinden (s. S. 131 ff.).

Das Wenigste, was von einem halbwegs guten Krisenmanagement erwartet werden kann, ist, dass eine Gesellschaft zumindest so konsistent aus der Krise herauskommt, wie sie hineingegangen ist. Das ist das Minimum. Minimum deshalb, weil in einer jeden Krise bekanntlich auch eine Chance steckt, die es zu nutzen gilt. Im Idealfall kann und sollte eine Gesellschaft sogar noch besser, noch geschlossener, noch stärker aus einer Krise hervorgehen.

Gemessen daran haben sowohl Große Koalition als auch Ampel eklatant versagt (s. S. 11 ff.). Sie haben nicht nur zugelassen, dass unser Gemeinwesen in diesen harten Zeiten weiter erodiert, sie haben mit ihrer Krisenpolitik noch selbst dazu beigetragen. Statt die Herausforderungen zu nutzen, um die Bevölkerung auf eine konsequent solidarische Politik einzuschwören und Solidarität von denjenigen, die es sich leisten können, als patriotische Pflicht einzufordern, wurde Partei- und Klientelpolitik as usual geboten. Das Ergebnis: eine Gesellschaft, noch gespaltener als vor der Krise, eine Gesellschaft, die auseinanderfällt.

Die Konsequenzen dieses Regierungsversagens reichen weit über das Soziale hinaus. Deutschland fliegt gerade nicht nur sozial auseinander. Rassismus, Antisemitismus, Islamophobie oder Homophobie werden wieder offen ausgelebt. Toleranz bleibt auf der Strecke. Kräfte sammeln sich weit außerhalb des demokratischen Spektrums. Und in der AfD findet all das seinen parlamentarischen Arm. Es ist nicht alles nur auf die unsolidarische Krisenpolitik der letzten Jahre rückführbar. Dies zu unterstellen wäre zu einfach. Doch hat sie einen ganz wesentlichen Anteil: »Erst kommt das Fressen, dann die Moral«, heißt es in Berthold Brechts *Dreigroschenoper*. Wer den Menschen soziale Sicherheit nimmt, wer bei ihnen berechtigte Angst auslöst, nicht mehr mitgenommen zu werden und auf der Strecke zu bleiben, macht es rechtsradikalen Populisten extrem einfach, Menschen für sich zu gewinnen. Denn was haben sie schon zu verlieren (s. S. 91 ff.)? Der populäre Schauspieler und Autor Hape Kerkeling sprach im Herbst 2023 in der *Süddeutschen* davon, dass es in Deutschland nicht mehr erst fünf vor zwölf sei. »Wir sind bereits mit dem Mittagessen durch, und der Tisch wird gerade abgeräumt.«[1] Da muss erst ein Komiker kommen, dachte ich mir, um das Offensichtliche auszusprechen. Deutschland *steht* nicht vor Herausforderungen. Deutschland *stand* vor Herausforderungen. Und hat versagt.

Die Schlüsselfragen zum Verständnis dieses Versagens sind: Weshalb tun wir uns in Deutschland so schwer mit einer solidarischen Politik? Weshalb sind wir nicht einmal in Krisenzeiten in der Lage, allen das zu geben, was sie brauchen? Dann, wenn doch für alle völlig offenkundig ist, dass mehr und mehr Menschen in bitteren Nöten sind und noch weit mehr soziale Existenzsängste haben. Was ist los mit unserer Gesellschaft, mit unserer Politik, mit unserer Armutslobby? Und vor allem: Wie bekommen wir den Karren wieder aus dem Dreck? Wie soll es weitergehen, wenn es so nicht weitergehen kann und darf? Was müssen wir ändern? Denn ohne Änderungen geht es nicht. Für unser aller Gemeinwesen und unser aller Demokratie.

Deutschland im Krisenmodus und eine Ampel auf Gelb

Des Scheiterns erster Teil: Die GroKo und die Pandemie

Als das Coronavirus Anfang 2020 Deutschland erreichte, war das soziale Bindegewebe dieser Gesellschaft bereits in einer wenig widerstandsfähigen Verfassung. Die Pandemie traf auf eine tief gespaltene Gesellschaft. Einkommen, Vermögen und Lebensqualitäten waren äußerst ungleich verteilt. Die Armutsquote, der Anteil der Armen an der Gesamtbevölkerung, betrug 15,9 Prozent, der höchste Wert seit der Vereinigung 1990.[1]

Auf diese angeschlagene Gesellschaft trafen mit der Pandemie nun auch noch Produktionsengpässe und in der Folge ein dramatischer Absturz der Konjunktur. Um über elf Prozent sackte das Bruttoinlandsprodukt im Frühjahr 2020 gegenüber dem Vorjahr ein. Die Zahl der registrierten Arbeitslosen schoss aus dem Stand von 2,3 auf 2,9 Millionen und trieb die Arbeitslosenquote auf 6,4 Prozent.[2]

Die Merkel-Regierung reagierte sehr schnell. Sie verhängte schon im März 2020 den ersten Lockdown. Sie spannte auch umgehend wirtschaftliche Schutzschirme auf. Zügig wurden noch im Frühjahr Zuschüsse für Soloselbstständige und Kleinstbetriebe und steuerliche Liquiditätshilfen auf den Weg gebracht. Die Anzeigepflicht von Insolvenzen wurde ausgesetzt. Innerhalb weniger Tage wurde ein Maßnahmenbündel aus Zuschüssen, Garantien und staatlichen Beteiligungen an Wirtschaftskonzernen wie der Lufthansa mit einem gigantischen Volumen von über 750 Milliarden Euro durch den Bundestag geschleust.

Vor allem aber wurde sofort das Kurzarbeitergeld ausgeweitet. In der Spitze, im April, stieg die Zahl der kurzarbeitenden Beschäftigten auf fast sechs Millionen.[3]

Was die Kosten der Hilfsmaßnahmen anbelangte, zeigte sich die Große Koalition auch im Weiteren alles andere als kleinlich. Seit der Jahrtausendwende waren die Bürgerinnen und Bürger eigentlich daran gewöhnt worden, dass angeblich niemals genug Geld da wäre für Investitionen in notwendige Infrastruktur oder für Reformen vom BaföG bis zur Pflege. Nun schien Geld plötzlich überhaupt keine Rolle mehr zu spielen. Noch im Juni 2020 brachten CDU und SPD das mit 130 Milliarden Euro größte Konjunkturprogramm in der Geschichte der Bundesrepublik auf den Weg – ein Mehrfaches von dem, was etwa zur Abfederung der internationalen Finanzkrise 2008/2009 bereitgestellt wurde. Darin fanden sich weitere Überbrückungshilfen für kleine und mittlere Unternehmen. Auch wurde ein einmaliger Kindergeldbonus von 300 Euro beschlossen. Vor allem aber wurde, sehr überraschend, die Mehrwertsteuer bis zum Jahresende von 19 auf 16 beziehungsweise von 7 auf 5 Prozent abgesenkt. Dies allein ließen sich Bundeskanzlerin Merkel und Finanzminister Scholz rund 20 Milliarden Euro kosten.

Die wirtschaftlichen Folgen der Pandemie trafen keinesfalls alle gleich. Der ganz überwiegende Teil der Bevölkerung, rund vier Fünftel, musste im ersten Coronajahr überhaupt keine finanziellen Einbußen hinnehmen: vorneweg Beamte, Ruheständler oder Beschäftigte des öffentlichen Dienstes. Das Fünftel mit echten Einbußen waren vor allem Erwerbstätige, die ohnehin bereits schlechter bezahlte Jobs hatten und die vielfach als Leiharbeiter oder aber als Soloselbstständige gerade so über die Runden kamen.[4]

Obwohl gerade die ärmeren Haushalte wirtschaftlich am meisten unter den Auswirkungen der Coronapandemie zu leiden hatten, blieben sie bei den Unterstützungsprogrammen fast komplett außen vor. Bundesregierung und Parlamentariern war durchaus bekannt, dass wegen der Pandemie Schulspeisungen ausblieben, Tafeln oder auch Sozialkaufhäuser ihre Leistungen erheblich einschränken oder auch ganz schließen mussten. Ihnen war auch bekannt, dass Obdachlose kaum noch öffentliche Schutzräume und auch kaum noch Einnahmen durch Betteln oder das Sammeln von Pfandflaschen hatten. Ihnen war auch klar, dass Bezieher von Grundsicherung schlicht kein Geld für Masken und Desinfektionsmittel hatten und viele Familien kein Geld für Laptops, um ihre Kinder am digitalen Schulunterricht teilnehmen zu lassen. Doch es geschah: nichts.

Bereits im Mai 2020 hatte sich daher eine Gruppe von über dreißig Gewerkschaften und Sozialverbänden mit dem dringenden Appell an die Bundesregierung gewandt, bei all den Hilfsmaßnahmen die Armen nicht zu vergessen. Mit Blick auf deren erhöhte Lebenshaltungskosten forderten sie, Altersgrundsicherung, Hartz IV und auch die Leistungen für Asylbewerber als Sofortmaßnahme um 100 Euro monatlich zu erhöhen. Im Grunde war schon dies ein Zugeständnis der Verbände und der Versuch, der Politik entgegenzukommen. Die meisten Organisationen in diesem breiten Bündnis gingen eigentlich davon aus, dass die Sätze auch ganz ohne Corona um mindestens 200 Euro hätten erhöht werden müssen, um Armut zu verhindern. Doch war mit dieser Regierung nichts zu machen. Außer dem einmaligen Kindergeldbonus wurde den Ärmsten nicht ein einziger Cent an Coronahilfe zugestanden. Als die oppositionelle Bundestagsfraktion von Bündnis 90/Die Grünen Mitte Mai einen Antrag auf 60 Euro mehr für arme Kinder und 100 Euro für Erwachsene in den Bundestag einbrachte, gab es nicht einen einzigen Abgeordneten oder eine einzige Abgeordnete bei Union und SPD, die dafür stimmte.

Aus SPD-Kreisen bekam man später hinter vorgehaltener Hand zu hören, man habe sich in den Verhandlungen im Mai und Juni ja durchaus nach Kräften eingesetzt. Wenigstens eine Einmalzahlung von 100 Euro habe man der Union abringen wollen. Doch sei sie nicht verhandlungsbereit gewesen. Nach außen kommunizieren wollte man das in der SPD allerdings auch nicht. Man müsse vermeiden, als Verlierer dazustehen, hieß es.

Ende Januar 2021 – ein ganzes langes Jahr nach Ausbruch der Pandemie – wurde dann doch endlich die erste Unterstützung für Menschen mit Bezügen aus Hartz IV und Altersgrundsicherung beschlossen. Nur glich sie eher einem schlechten Scherz. Sie bekamen Krankenkassen-Gutscheine für zehn (!) FFP-2-Masken.

Ein Jahr dauerte es auch, bis Arbeitsminister Hubertus Heil, getrieben durch das Thüringische Landessozialgericht, das einer klagenden Mutter recht gab, endlich die Jobcenter anwies, für Kinder in Familien, die von Hartz-IV-Unterstützung lebten, die Kosten für einen Laptop zu übernehmen, damit sie bei geschlossenen Schulen am Fernunterricht teilnehmen konnten.

Erst im Februar 2021, nachdem Gewerkschaften und Sozialverbände ihren Druck auf die Regierung noch einmal ganz gehörig erhöht hatten, verständigte man sich in der Koalition schließlich auf eine einmalige Zusatzzahlung von 150 Euro an Menschen in der Grundsicherung. Auch einen Kinderbonus von 150 Euro legte man noch einmal auf. Insgesamt ging es um Mehrausgaben von vielleicht 600 Millionen Euro, mehr nicht. Ein ganzes Jahr musste dafür gestritten werden, während Milliardenbeträge für Lufthansa, TUI und Co. praktisch über Nacht abgenickt wurden.[5]

Sei es, dass die Lebensrealität der Armen zu weit weg war von den politisch Mächtigen, dass es ihnen an der notwendigen Fantasie fehlte oder sie einfach nicht wollten: Im Ergebnis hatte die Bundesregierung trotz dieser gigantischen Summen, die da bewegt wurden, buchstäblich kaum etwas übrig für die Armen. Ihre alltägliche Not wurde genauso ignoriert wie die immer tiefere Spaltung dieser Gesellschaft.[6]

Die Pandemieschutzschilde wurden stattdessen ganz auf die Wirtschaft und ihre Erwerbstätigen, auf den Erhalt von Arbeitsplätzen ausgerichtet. Das hat enorm geholfen, um ökonomisch durch die Krise zu kommen. Den gesellschaftlichen Zusammenhalt stärkte es nicht. Ganz im Gegenteil: Die diversen Hilfspakete waren eher geeignet, die ohnehin gegebene soziale Spaltung noch zu vertiefen, wie die einschlägigen Wirtschaftsinstitute zu Recht kritisierten.[7] Die auf Nachfragestimulierung ausgerichteten Elemente des Konjunkturprogramms, sprich Kinderbonus und nach offizieller Lesart auch die Mehrwertsteuerabsenkung, trügen »tendenziell« dazu bei, dass sich die Einkommensschere zwischen denen, die durch die Coronakrise Einbußen hatten, und der übrigen Bevölkerung noch vergrößert, rüffelten die Institute. [8] Sie wiesen auf den bemerkenswerten Umstand hin, dass wir es im Sommer des Rezessionsjahres 2020 immerhin mit einer Sparquote auf einem ›historischen Hoch‹ von 21 Prozent zu tun hatten.[9] Mit anderen Worten: Unsere Gut- und Besserverdienenden brauchten weder Kinderbonus noch eine Absenkung der Mehrwertsteuer, sie konnten sogar noch sparen.

Besonders die Mehrwertsteuererhöhung wurde von den Ökonomen zu Recht massiv kritisiert. Sie war die große Überraschung, als die Großkoalitionäre Anfang Juni nach zweitägigen Verhandlungen ihr 130-Milliarden-Paket präsentierten. Alle hatten eigentlich mit einer Autoabwrackprämie wie in der Finanzkrise 2009 gerechnet. Nachdem die Zahl der Neuzulassungen im April um über 60 Prozent eingebrochen war, hatten sich die Autolobby, Union und auch die Ministerpräsidenten der drei Autoländer Bayern, Baden-Württemberg und Niedersachsen massiv dafür ins Zeug geworfen,[10] scheiterten jedoch am Veto der SPD-Vorsitzenden Saskia Esken und Norbert Walter-Borjans. Nun sollte die abgesenkte Mehrwertsteuer den Autobauern helfen.

Im Ergebnis blieb die konjunkturstimulierende Wirkung der Mehrwertsteuerabsenkung weitestgehend aus. Ohnehin geplante Ausgaben wurden vorgezogen. Das war es dann aber auch schon.[11] Der bekannte Strohfeuereffekt.[12] Immer lauter wurde zu Recht die Frage gestellt, ob bei diesem »Wums«, wie Finanzminister Scholz sich ausdrückte, die Streueffekte nicht zu groß und zu teuer waren. Immerhin hatten 80 Prozent der Bevölkerung ja überhaupt keine Einkommenseinbußen. Wäre man angesichts dieser Tatsache nicht besser gefahren, die Mittel zielgerichtet einkommensschwachen Haushalten zukommen zu lassen, als auf allgemeine Steuersenkungen zu setzen? Ein Zuschlag auf Hartz IV, BAföG oder Wohngeld wäre, so viel steht fest, nicht aufs Sparkonto, sondern eins zu eins in den erwünschten Konsum geflossen. Zugleich wäre diese Gesellschaft am unteren Rand stabilisiert worden. Menschen in finanzieller Not wäre geholfen worden. Es hätte dieser Gesellschaft gutgetan. Nur hätten Hartz-IV-Bezieher zugegebenermaßen keine Neuwagen bei VW und Co. bestellt. Und genau deren Lobby musste ja offensichtlich befriedet werden.

Es wurde sehr, sehr viel Geld ausgegeben und sehr viel Geld verdient. Nicht nur mit halbseidenen Maskendeals. Ob Lebensmitteldiscounter oder Baumärkte, Pharmaindustrie, Apotheken oder Versandhäuser: Pandemie und Bundesregierung ließen in manchen Branchen und bei so manchem Konzern die Kassen so richtig klingeln und damit natürlich auch bei den Aktionären.

Allein BMW schüttete für das Geschäftsjahr 2020 1,4 Milliarden Euro Dividende aus, nachdem das Unternehmen vom Staat 700 Millionen Euro Kurzarbeitergeld kassiert hatte. Dann ging es erst richtig rund: Für das Geschäftsjahr 2021 erhöhte BMW seine Ausschüttung pro Aktie um 200 Prozent, Mercedes um 270 Prozent und VW erfreute seine Eigner mit einer exorbitanten Sonderdividende im Zusammenhang mit dem Börsengang von Porsche. Und es war beileibe nicht nur die Automobilindustrie, die trotz Pandemie und Wirtschaftseinbruch 2020 und nur mäßigem Aufschwung 2021 wieder kräftig absahnte. 19 der 40 DAX-Konzerne, von Pharmariesen bis Deutsche Post, konnten ihre Dividende ordentlich aufstocken.[13]

Der Kreis der hiesigen Milliardäre vergrößerte sich im Rezessionsjahr 2020 von 107 auf 136.[14] Um 100 Milliarden Euro konnten sie ihr Vermögen in der Krise steigern. Die Zahl der Vermögensmillionäre in Deutschland stieg zwischen 2019 und 2021 von 1,47 Millionen auf 1,63 Millionen.[15] Am anderen Ende wuchs die Armut. Waren es vor der Pandemie noch 13,2 Millionen, die die Statistiker zu den Armen zählten, waren es 2021 bereits 14,1 Millionen, fast 17 Prozent der Bevölkerung.[16]

Wenn sich eine Regierung daran messen lassen muss, wie weit es ihr in einer Krise gelingt, diese Gesellschaft zusammenzuhalten – und das muss sie –, dann kann man der GroKo nur eklatantes Scheitern attestieren.

Des Scheiterns zweiter Teil: Ein Sondierungspapier mit Folgen

Noch hielt die Pandemie die Welt unter Stress, Deutschland befand sich gerade im zweiten Lockdown, als sich im Frühjahr 2021 auch schon die nächste Krise anbahnte. Die Preise für Öl und Benzin sprangen ganz spürbar nach oben. 13 Prozent waren es im März gegenüber dem Vorjahresmonat. Im September waren es dann schon 30 Prozent und im Oktober sah man an einzelnen Zapfsäulen bereits 2 Euro pro Liter angeschlagen. Die allgemeine Inflationsrate riss die 4-Prozent-Marke, der bislang stärkste Preisauftrieb seit der Wiedervereinigung. Genau zur Bundestagswahl.

Doch noch während Sozialdemokraten, Grüne und FDP nach der Wahl sondierten, ob man in Koalitionsverhandlungen gehen könne, hieß es »Entwarnung«. Die Inflation würde 2021 wieder auf 2,5 Prozent abflachen und das Wirtschaftswachstum wieder um fast 5 Prozent zulegen, prophezeiten die führenden Wirtschaftsforschungsinstitute in ihrer Herbstprognose.[17] Alles also wieder im grünen Bereich. Putins Überfall auf die Ukraine einige Monate später hatte noch keiner auf dem Schirm.

Der Ausgang der Bundestagswahl gab durchaus Anlass zur vorsichtigen Hoffnung, die deutsche Politik könne insgesamt sozialer werden. Die Wählerinnen und Wähler hatten der SPD 25,7 Prozent beschert, den Grünen 14,8 Prozent und der FDP als kleinstem möglichen Koalitionspartner 11,5 Prozent. Damit lag eine geradezu erdrückende Mehrheit in der Ampel bei zwei Parteien, die in ihren Wahlprogrammen eine ganze Reihe von Schnittmengen für eine sozialere und solidarischere Politik aufwiesen. SPD wie Grüne legten

Wahlkampf-offiziell Wert darauf, Hartz IV überwinden zu wollen, ein neues System des Förderns auf Augenhöhe zu installieren und insbesondere die Leistungshöhe neu zu berechnen, sodass sie armutsfest sein würde. Beide Parteien sprachen sich für eine Kindergrundsicherung aus und für einen konsequenteren Mieterschutz. Vor allem aber hatten beide auf dem Zettel, was die entscheidende Voraussetzung für all das war und immer noch ist: eine neue und solidarischere Steuerpolitik. Beide sahen die Wiederbelebung der Vermögenssteuer vor und eine Reform der praktisch geradezu irrelevant gewordenen Erbschaftssteuer. Beide versprachen in ihren Wahlprogrammen die stärkere Besteuerung hoher Einkommen, um die Mittelschicht zu entlasten.

Hoffnung machte auch, dass das großkoalitionäre Entschuldigungsgejammer der SPD in dieser Konstellation nicht mehr funktionieren konnte. Die Ausrede, man wolle ja was tun für die Armen, sei aber nun einmal nur der kleinere Partner in der GroKo und die Union knüppelhart, galt nicht mehr.

Dass SPD und Grüne der FDP dennoch erhebliche Zugeständnisse würden machen müssen, um sie ins Ampel-Boot zu holen, war klar. Dass sie sich von ihr jedoch gleich die ganze Butter vom Brot würden nehmen lassen, damit war nicht zu rechnen. Doch geschah genau das. Und zwar noch bevor man überhaupt in Koalitionsverhandlungen einstieg.

Bereits in den Sondierungsgesprächen konnte FDP-Chef Lindner die Weichen in seinem Sinne stellen. Er verpflichtete seine Gegenüber auf ein folgenschweres Übereinkommen: Zurück zur Schuldenbremse und keinerlei Steuererhöhungen.[18] Wie eine Ampelregierung mit dieser Vorfestlegung eine sozial verträgliche Klimapolitik gestalten und das Ziel der Klimaneutralität bis 2045 erreichen wollte, dazu eine Kindergrundsicherung, Verbesserungen in der Pflege, bei Bildung und Forschung und im sozialen Wohnungsbau und all das andere, was dann im Koalitionsvertrag auftauchte, war allen, die sich mit Haushaltsfragen auskannten, völlig schleierhaft.

Es war die sprichwörtliche Quadratur des Kreises, die die Ampel da versuchte. Aus der Perspektive der Grünen mutete es wie ein Sprung vom Zehn-Meter-Brett an in der Hoffnung, dass da schon irgendwie Wasser ins leere Becken kommen werde, bis man unten ist. Den Liberalen konnte es erst einmal egal sein, wie die Grünen damit umgingen. Sie konnten triumphieren. Sie hatten für alles Weitere die roten Linien gezogen und den Koalitionsverhandlungen und der Koalition ihren Stempel aufgedrückt, noch bevor es überhaupt losgegangen war. Die SPD freute sich sichtlich, nach 16 Jahren erstmals wieder ins Kanzleramt einzuziehen zu dürfen, und war bereit, dafür eine Menge Zugeständnisse zu machen.

Die Tabuisierung der Steuerfrage war der Kardinalfehler der Ampel. Mit ihr war es von Beginn an unmöglich, die Klientele der sehr verschiedenen Koalitionäre zu bedienen und ihren sehr unterschiedlichen programmatischen Prioritäten gerecht zu werden, geschweige denn, eine von Solidarität und sozialem Ausgleich getragene Krisenpolitik zu praktizieren. Der Dauerzoff in der Koalition war damit vorprogrammiert.

Da halfen auch keine politische Gesundbeterei und keine inhaltsleeren Beschwörungen einer vermeintlichen »Fortschrittskoalition«, die »politische Frontstellungen« aufweichen und »neue politische Kreativität« entfachen werde, wie es im Koalitionsvertrag so blumig hieß.[19] Kann sein, dass der eine oder die andere Verhandlerin sich angesichts der ganz offensichtlichen Widersprüchlichkeiten des Koalitionsvertrages genötigt sah, sich gedanklich in solche Floskeln zu flüchten. Absehbar war aber auch, dass die Realität diese Lyrik schon sehr bald einholen würde. Die Anrufung einer neuen politischen Kreativität konnte auch einfach mit einem sprichwörtlichen Pfeifen im Walde übersetzt werden.

Wer bei diesen Widersprüchen mittelfristig auf der Strecke bleiben würde, war absehbar: diejenigen mit der schlechtesten Lobby, die Armen. Und es dauerte auch gar nicht lange, bis sich diese Befürchtung bewahrheiten sollte.

Des Scheiterns dritter Teil:
Klientelpolitik statt Krisenpolitik

Zum Jahreswechsel 2021/2022, die Ampelregierung war gerade erst im Amt, kratzte die Inflationsrate bereits an der Fünf-Prozent-Marke. Vor allem Strom und Gas waren neben Heizöl, Benzin und Diesel die Preistreiber, aber auch Lebensmittel, die sich gegenüber dem Vorjahr um sechs Prozent verteuert hatten. Angst vor der nächsten Nebenkostenabrechnung machte sich breit unter den Menschen und ärmere Haushalte, die ohnehin schon am Limit waren, sorgten sich, wie sie finanziell überhaupt noch das Ende des Monats erreichen sollten.

Schon Anfang Februar 2022 brachte die Ampel daher einen Heizkostenzuschuss für Bezieher von Wohngeld und BAföG auf den Weg. Und getrieben durch die Inflation verständigte man sich schon Ende Februar auf ein ganzes Bündel weiterer Entlastungsmaßnahmen: den Wegfall der EEG-Umlage auf den Strompreis, was den Strom allgemein verbilligen sollte, Erleichterungen bei der Einkommenssteuer, wie etwa durch die Erhöhung des Grundfreibetrages oder der Pendlerpauschale, eine Einmalzahlung von 100 Euro an Menschen in der Altersgrundsicherung und im Hartz-IV-Bezug und für die Kinder in Familien, die Hartz IV beziehen, eine sogenannte Soforthilfe von monatlich 20 Euro, praktisch im Vorgriff auf die versprochene Kindergrundsicherung.

Zeitgleich überfiel Russland die Ukraine. In der Folge schossen die Gaspreise so richtig in die Höhe und mit ihnen auch noch einmal die gesamten Lebenshaltungskosten.[20] Die Beschlüsse der Ampel waren überholt, noch bevor sie überhaupt im Gesetzblatt standen.

Die Bundesregierung war nun endgültig im Krisenmodus angekommen und versuchte sich irgendwie vor die Lage zu bringen. Noch im April folgte, nach zähen Verhandlungen, das nächste Entlastungspaket. Schon im Vorfeld dazu hatte es koalitionsinternen Zoff gegeben. Finanzminister Lindner war, die Landtagswahlen in Nordrhein-Westfalen fest im Blick, mit seiner Idee eines Tankrabatts an die Öffentlichkeit gegangen. Der Streit war kalkuliert, denn als klimaeffiziente Maßnahme ließ sich das beim besten Willen nicht verkaufen. Doch setzte sich Lindner erneut durch. Zwar gab's keinen astreinen Rabatt, dafür aber eine kräftige dreimonatige Steuersenkung auf Benzin und Diesel. Die Grünen bekamen zum Ausgleich ihr Neun-Euro-Ticket. Hinzu gab es 300 Euro für alle Erwerbstätigen, der sogenannte Energiebonus, und einen Kinderbonus von 100 Euro. Die gerade erst im Februar beschlossenen und ohnehin noch nicht ausgezahlten Einmalzahlungen an Bezieher von Wohngeld, BAföG und Grundsicherung wurden auf 270, 230 und 200 Euro verdoppelt.[21]

Mit 28,9 Milliarden Euro belasteten die verschiedenen zwischen Februar und April beschlossenen Entlastungsmaßnahmen den laufenden Bundeshaushalt. Doch waren die Sommerurlaube mit Tankrabatt und Neun-Euro-Ticket gerettet. Die Stromkosten waren erst einmal etwas abgesenkt. Mehr Netto vom Brutto gab es und an Kinder und Arme wurde mit den Einmalzahlungen auch gedacht. Alles also in bester Ordnung, konnte man bei oberflächlicher Betrachtung denken. Tatsächlich aber war gar nichts in Ordnung. Dass rotgrün-gelbe Wünsch-dir-was-Paket war deutlich stärker darauf aus, parteiliche Befindlichkeiten von Sozialdemokraten, Grünen und Liberalen zu befrieden, als wirkungsvoll und zielgenau finanzielle Entlastung zu schaffen für die, die wirklich Entlastung brauchten.

Wenn Deutschland ein Land mit einer relativ homogenen Verteilung von Einkommen und Vermögen wäre, sprich: wenn Deutschland gleicher wäre, hätte man durchaus so agieren können, wie es die Ampel tat. Sehen, dass man den Preisauftrieb insgesamt etwas bremst, die Steuern senken und ansonsten die Menschen mit Reiserabatten bei Laune halten. Nun ist aber Gleichverteilung nicht einmal in Ansätzen deutsche Realität. Ganz im Gegenteil.

Wie schon die GroKo unterschätzte die Ampel bei ihrem Krisenmanagement die soziale Zerrissenheit dieser Gesellschaft sträflich. Eine effektive und effiziente politische Entlastungsstrategie hätte berücksichtigen müssen, dass die privaten Haushalte in Deutschland auf der einen Seite über einen Riesenreichtum verfügen, weit über sieben Billionen Euro nur an Geldvermögen[22], dass auf der anderen Seite jedoch die unteren 40 Prozent auf der Wohlstandsleiter davon buchstäblich gar nichts haben, keinerlei Rücklagen, bestenfalls Schulden.[23] Eine etwas höhere Nebenkostenabrechnung bringt sie ebenso aus dem Tritt wie eine kaputte Waschmaschine oder eine anstehende Autoreparatur. Die Regierung hätte auch nicht ignorieren dürfen, dass die Armutsquote in der Pandemie bereits auf fast 17 Prozent angestiegen war.[24]

In einem Land, in dem der Vorstand eines DAX-Unternehmens mit 3,3 Millionen Euro Jahresgehalt das 38-Fache seiner Angestellten »verdient«[25] und der Chefarzt einer Klinik immer noch etwa das 10-Fache einer Krankenschwester, hätte man darauf kommen können, dass den Chefarzt eines Krankenhauses eine Inflationsrate von acht Prozent überhaupt nicht aus dem Tritt bringt, die Krankenschwester aber schon. Die Regierung hätte zur Kenntnis nehmen müssen, dass in den oberen Einkommenssphären diese Inflation im Alltag überhaupt keine Rolle spielt. Der SUV wird getankt, ob der Sprit 1,50 oder 3 Euro kostet, und es wird auch bei doppelt so hohem Strompreis nicht auf den zweiten Getränkekühlschrank oder die Heimsauna verzichtet. Es wird halt einfach weniger auf die hohe Kante gelegt am Ende des Monats. Das war es dann aber auch schon.

Die Preisexplosion hatte eine Drei-Klassen-Gesellschaft entstehen lassen: Diejenigen, wie oben beschrieben, deren Alltag davon überhaupt nicht berührt wurde. Dann diejenigen, die nicht so im Überfluss lebten, denen es aber auch nicht schlecht ging. Für sie waren die steigenden Preise durchaus ärgerlich. Sie brachten sie jedoch nicht in Not. Man musste sich halt einschränken, kaufte nicht mehr die Markenbutter, sondern die Billigmarke. Man achtete darauf, dass keine Stromfresser im Haushalt liefen und ging weniger auswärts essen. Aber man kam alles in allem zurecht. Für die ganz unten jedoch, die sieben Millionen in Hartz IV oder Altersgrundsicherung und die anderen sieben Millionen, die zwar keinen Anspruch auf Hartz IV hatten, aber mit kleinen Einkommen auch nur knapp darüber lagen, waren die steigenden Lebenshaltungskosten eine schlichte Katastrophe. Bereits vor den Preissprüngen kamen sie mit Regelsätzen, die vorn und hinten nicht langten, kaum über den Monat, lebten ausgegrenzt und in Armut. Nun aber war es ganz aus. Die Tafeln meldeten einen Ansturm, wie sie ihn schon seit Jahren nicht mehr erlebt hatten: Über zwei Millionen Menschen, die dort regelmäßig für Essensspenden in der Schlange standen. Und immer mehr mussten wieder weggeschickt werden, wenn nichts mehr da war.[26] Geld wurde geliehen in der Nachbarschaft oder bei Verwandten, um sich finanziell irgendwie über Wasser zu halten.[27] Das war bittere Realität am unteren Ende der deutschen Wohlstandsleiter, eine Realität, vor der zu viele in der Ampel jedoch die Augen verschlossen.

Die Entlastungsmaßnahmen der Bundesregierung waren zu einem Gutteil einfach nur rausgeschmissenes Geld. Das eigentliche Ziel, Menschen die Angst vor den Heiz- und Stromkosten zu nehmen und, wo nötig, über den Monat zu helfen, wurde klar verfehlt. Da hätte es schon mehr bedurft als einer kleinen Einmalzahlung. Stattdessen durften sich vor allem Besserverdienende über unverhoffte Zugewinne freuen. Von einer auch nur halbwegs solidarischen Haushalts- und Steuerpolitik waren die Programme der Ampel jedenfalls weit entfernt.

Um die ganze Ungerechtigkeit und Ineffektivität zu begreifen, lohnt ein etwas genauerer Blick auf die Maßnahmen: Mit der Energiepauschale von 300 Euro und den Erleichterungen in der Einkommenssteuer waren 12,3 Milliarden Euro aus dem Gesamtpaket, also mehr als die Hälfte, exklusiv für Erwerbstätige reserviert. Und zwar ganz unabhängig von deren Einkommen. Selbst der Millionär durfte sich über die 300 Euro freuen, er musste nur erwerbstätig sein. Er musste sie zwar versteuern, womit ihm als Höchststeuerzahler von diesem Geld nur noch 158 Euro verblieben, doch drängt sich schon die Frage auf, weshalb Spitzenverdiener in diesen auch haushaltspolitisch sehr schwierigen Zeiten überhaupt gefördert werden mussten.

Die Geschenke in der Einkommenssteuer schlugen mit 4,3 Milliarden Euro zu Buche. Mit dem bekannten Effekt, dass davon vor allem höhere Einkommen profitierten, Geringverdiener mit entsprechend niedrigem Steuersatz schauten mehr oder weniger in die Röhre.

Das Institut für Makroökonomie (IMK) der gewerkschaftlichen Hans-Böckler-Stiftung rechnete vor, dass der Einkommensmillionär mit Steuererleichterungen und Energiegeld in diesem Paket um 326 Euro jährlich entlastet wurde, ein Erwerbstätiger mit einem Jahreseinkommen von 10 000 Euro dagegen nur um 300 Euro.[28] Am wenigsten fiel für die Bezieher von Grundsicherung ab. Sie mussten sich mit 200 Euro begnügen. Verteilungspolitik nach dem Prinzip »Wer hat, dem wird gegeben«, ungerecht und unsolidarisch.

Waren Kinder im Haushalt, verschob sich das Ganze mit dem Kinderbonus zwar etwas, doch blieb der Effekt unter dem Strich weiterhin mehr als skurril: So durfte sich ein Paar mit zwei Kindern und Millioneneinkommen über 649 Euro freuen – wenn sie es denn überhaupt bemerkt haben sollten –, während die gleich große Familie mit Niedrigeinkommen auf 800 Euro Entlastung und in Hartz IV auf 840 Euro kam. Der Topverdiener dürfte darüber bestenfalls geschmunzelt haben. Für die, die es wirklich brauchte, war es nicht mehr als der sprichwörtliche Tropfen auf den heißen Stein.

Auch die Abschaffung der EEG-Umlage und der Tankrabatt waren sozialpolitisch einfach kontraproduktiv. Der Entlastungseffekt war bei beidem umso größer, je höher der Verbrauch war. Und dieser geht nun einmal stark mit der Höhe des Einkommens einher. Es sind nicht die einkommensschwachen und armen Haushalte, es sind die Haushalte mit den großen Wohnungen und Einfamilienhäusern, mit der gediegenen EDV-Ausstattung, mehreren Fernsehern oder vielleicht sogar der Heimsauna oder dem Pool, die die größten Nutznießer des verbilligten Stroms waren. Und auch an der Zapfsäule galt: Je größer der Hubraum, je unvernünftiger die Fahrweise, umso größer die »Entlastung«. Es dürfte das erste Mal in der Geschichte dieses Sozialstaats gewesen sein, dass sich staatliche Unterstützungsleistungen am Hubraum und nicht an der Bedürftigkeit bemaßen.

Nun besitzen die meisten Armen ohnehin kein Auto, durften dafür aber mit dem Neun-Euro-Ticket durch Deutschland reisen. Es tat gut, in diesem Sommer 2022 Familien in den Zügen zu erleben, die sich sonst wahrscheinlich nie einen gemeinsamen schönen Ausflug mit der Bahn leisten konnten. Nur sollten wir so ehrlich sein und zugeben: Mit Entlastungspolitik in der Inflation hatte das Ganze am Ende nur am Rande zu tun. Es ging um Klimapolitik.

Zielgerichtet an Bedürftige flossen lediglich 2 der 23,6 Milliarden aus dem Paket,[29] was die grundsätzliche Frage aufwirft, was dieses Entlastungspaket eigentlich bewirken sollte. Wenn gerade einmal zehn Prozent der Gesamtaufwendungen zielgenau für diejenigen ausgegeben werden, die man geradezu zwingend hätte noch deutlich stärker entlasten müssen, und stattdessen über 20 Milliarden Euro bis hoch zum Millionärshaushalt möglichst gleichmäßig über das Land verteilt werden, ist nicht nur der Sinn des Ganzen schleierhaft, es lässt sich beim besten Willen auch nicht mehr von einer irgendwie verantwortlichen Haushaltspolitik sprechen.

Die Kritiker dieses fragwürdigen Entlastungsgebarens waren breit aufgestellt und es war beileibe nicht nur die politische Konkurrenz. In seltener Einmütigkeit verurteilten führende Wirtschaftsinstitute vom DIW in Berlin bis hin zum IfO-Institut in München zusammen mit Wohlfahrts- und Sozialverbänden die Maßnahmen als teuer und ineffektiv. Unisono wurde gefordert, die Mittel auf diejenigen zu konzentrieren, die es wirklich bräuchten. Noch wusste keiner, wie lange sich die Krise noch hinziehen würde. Doch vergebens. Für den Mai standen Landtagswahlen in Nordrhein-Westfalen an. Viele hofften, dass nach dem Urnengang vielleicht wieder etwas mehr Vernunft einziehen würde.

Des Scheiterns vierter Teil:
Lindner und Scholz packen aus

Die SPD rutschte bei der nordrhein-westfälischen Landtagswahl im Mai 2022 von 31,2 auf 26,7 Prozent und fuhr damit ein historisch schlechtes Ergebnis ein. Die Grünen dagegen konnten ihren Stimmenanteil mit 18,2 Prozent fast verdreifachen. Die FDP stürzte von 12,6 auf 5,9 Prozent und schaffte damit nur mit Ach und Krach den Wiedereinzug in den Landtag. Ihre Regierungsbeteiligung in NRW konnte sie sich noch in der Wahlnacht abschreiben.

Das würde sich auch auf die Kräfteverhältnisse in der Ampelregierung auswirken, mutmaßten viele Kommentatoren und prophezeiten ab sofort wesentlich selbstbewusster auftretende Grüne und insgesamt mehr grüne statt gelbe Handschrift in den Gesetzesvorlagen. Lindner wiederum gab sich zwar staatstragend und versicherte trotz dieses liberalen Desasters, man wolle mögliche Konflikte aus der NRW-Wahl nicht in die Ampel hineintragen, schob jedoch gleich hinterher, dass sich seine Partei ab sofort sehr viel deutlicher in der Ampel profilieren müsse. Außenstehenden Beobachtern wiederum war nicht klar, was in diese Richtung nach Steuererleichterungen und Tankrabatt noch kommen sollte. Sie mussten allerdings nicht allzu lange auf die Antwort warten.

Ende Juli sah sich Kanzler Scholz genötigt, seinen Sommerurlaub zu unterbrechen. Nicht nur musste er Habecks Gasumlage ankündigen und den Menschen dabei schonend beibringen, dass sich ihr ohnehin teures Gas zur Rettung des Gaseinkäufers Uniper noch einmal verteuern werde. Um die Gemüter halbwegs zu beruhigen, hielt er es auch für angeraten, sein »You never walk alone«-Versprechen zu geben. Niemanden werde die Bundesregierung allein lassen. Man werde weitere Entlastung schaffen. Und während das geneigte Publikum noch rätselte, was der Kanzler damit gemeint haben könnte, machte sein Finanzminister nur zwei Wochen später erneut Nägel mit Köpfen. Obwohl in der Ampel heftig umstritten, gab er seine Pläne für weitere Steuererleichterungen zum

Abbau der sogenannten kalten Progression bekannt.[30] Ohne Rücksicht auf seinen grünen Koalitionspartner präsentierte er sein 17,9 Milliarden Euro teures Steuergeschenk. Kaum gingen die Pläne über den Ticker, sekundierte SPD-Co-Vorsitzender Lars Klingbeil, ein »konstruktiver Entlastungsvorschlag« seien Lindners Pläne. Auch der Kanzler schaltete sich noch am gleichen Tag ein. Sein »grundsätzliches Wohlwollen« gegenüber Lindners Vorschlägen ließ er seinen Pressesprecher ausrichten. Schien mal wieder gut zu laufen zwischen den beiden.[31] Und alle Kritiker, in den Fraktionen von SPD und Grünen bis hin zu Ökonomen wie Marcel Fratzscher, wussten Bescheid: Das kommt. Ihre Bedenken, dass rund zwei Drittel der Entlastungssumme bei Besserverdienenden landen würden, während Geringverdiener fast leer ausgingen, fanden wieder mal kein Gehör.

Es gab niemanden, der sich grundsätzlich gegen eine Anpassung im Steuertarif aussprach, um die Effekte der sogenannten kalten Progression auszugleichen und dafür zu sorgen, dass Lohnerhöhungen nicht nur brutto, sondern auch netto ankommen. Als Finanzminister der Großen Koalition hatte Olaf Scholz gleich zweimal die kalte Progression ausgeglichen. Ohne viel Aufhebens. Doch stellte sich im Sommer 2022 die Frage nach dem richtigen Zeitpunkt: ob es bei nur begrenzten Finanzmitteln wirklich opportun und vordringlich sein könne, die Einkommensteuer für mittlere und vor allem aber höhere Einkommen abzusenken, während doch vor allem Haushalte mit kleinen Einkommen unter den Preissteigerungen litten. Und war es haushaltspolitisch wirklich klug, Steuereinnahmen mutwillig herunterzufahren, wohlwissend, dass Deutschland vor einem riesigen Investitionsstau steht, dass die öffentlichen Arbeitgeber wegen der explodierenden Lebenshaltungskosten außerordentlich schwierige Tarifverhandlungen vor sich haben und niemand wirklich sagen kann, was Deutschland noch abverlangt werden wird? Eher nicht.

Von der von Scholz kurz nach dem Angriff Russlands auf die Ukraine ausgerufenen Zeitenwende schien das Finanzministerium ausgenommen zu sein. Nach der Einrichtung des 100-Milliarden-Rüstungsfonds hieß es wieder neoliberales Business as usual. Schwarze Null fahren, Steuern senken, dann weitersehen.

Nachdem der knapp 18 Milliarden schwere Pflock zum Abbau der kalten Steuerprogression erst einmal eingerammt war, wirkten alle weiteren Entlastungsmaßnahmen, die der Koalitionsausschuss Anfang September 2022 nach erneut sehr zähen Verhandlungen dann verkündete, nur noch wie Beiwerk. Rentner, Rentnerinnen und Studierende, die bei den vorigen Entlastungspaketen leer ausgegangen waren, bekamen nun ebenfalls eine Energieprämie von 300 beziehungsweise 200 Euro. Kostenpunkt: rund 6,6 Milliarden Euro brutto. Das Geld war zu versteuern. Bezieher von Wohngeld und BaföG bekamen noch einmal einen Heizkostenzuschuss. Kostenpunkt: 0,3 Milliarden Euro.

Um das ganze Paket auch möglichst üppig aussehen zu lassen, wurden Dinge hineingepackt, die mit inflationsbedingter Krisenintervention eigentlich gar nichts zu tun hatten, sondern ohnehin anstanden: die Erhöhung der Regelsätze bei Hartz IV etwa, die verfassungsrechtlich geboten war.[32] Das Gleiche galt für die Erhöhung des steuerlichen Grundfreibetrages und für die Erhöhung des Kinderfreibetrages. Da hatte die Bundesregierung verfassungsrechtlich gar keinen Spielraum. Wo die Hartz-IV-Sätze für Kinder und der steuerliche Kinderfreibetrag angepasst werden, ist die Erhöhung des Kindergeldes, zumindest politisch, ebenfalls angezeigt, da man in der Regel die Schere zwischen dem Kinderfreibetrag, von dem vor allem Besserverdienende profitieren, und dem Kindergeld für die breite Masse nicht zu weit auseinandergehen lassen will. Die Anpassung des Hartz-IV-Regelsatzes schlug mit 2,6 Milliarden Euro zu Buche, die Kindergelderhöhung mit 0,3 Milliarden.

Die Wohngeldreform, die auch ohne Preiskrise auf der Agenda gestanden hatte, sollte den Bund rund 1,5 Milliarden kosten. Man beabsichtigte damit den Kreis derer, die einen Anspruch auf Wohngeld geltend machen konnten, von knapp 600 000 auf 2 Millionen Haushalte auszuweiten.

Für 1,5 Milliarden Euro sollte irgendeine Nachfolge für das Neun-Euro-Ticket gefunden werden, die für 2023 eigentlich anstehende Erhöhung des CO_2-Preises wurde für ein Jahr verschoben und eine Strompreisbremse sollte auch her. Diese ließ sich aber erst einmal nicht beziffern.

Nimmt man das Finanzvolumen dieser Einzelmaßnahmen zusammen, sind sie mit 12,8 Milliarden noch weit von Lindners Steuererleichterungen entfernt. Die Schlagseite war unübersehbar.

Kaum verkündet, überschlugen sich die Ereignisse bekanntermaßen. Mit jedem Medienbericht über Ungereimtheiten und Mitnahmeeffekte auf Seiten der Gaslieferanten entpuppte sich die Gasumlage, die außerhalb des Wirtschafts- und Klimaministeriums ohnehin kaum jemand verstanden hatte, immer offensichtlicher als eine wirklich schlechte Idee. Die Ampel zog die Notbremse. Die Gasumlage wurde wieder einkassiert einen Tag, bevor sie in Kraft getreten wäre. Nun sollte es eine Gaspreisbremse richten. Die Bundesregierung folgte damit einer außerordentlich populären Forderung, die von links bis rechts erhoben und vor allem von den Gewerkschaften poliert wurde. Der noch aus Pandemiezeiten stammende Wirtschafts- und Stabilisierungsfonds wurde dazu auf 200 Milliarden Euro aufgefüllt – auf Pump, versteht sich –, was nach Auffassung von Scholz, Habeck und Lindner schon irgendwie reichen müsste. Denn prognostizieren ließen sich die Kosten für die Bremse nicht. Es wurde im Grunde ein Blankoscheck ausgestellt. Niemand konnte sagen, was Monat für Monat darauf stehen wird in einer Zeit, in der niemand eine seriöse Einschätzung zur Gaspreisentwicklung abgeben konnte. In großer Hatz wurde eine Kommission eingerichtet, die binnen Wochen ein Konzept dafür vorlegen sollte. Die Zeit rannte nach dem Desaster mit der Gasumlage davon und die Preise stiegen weiter. Und so kam sie denn auch in Windeseile: Bis zu einem Verbrauch von 80 Prozent des Vorjahres sollte der Preis bei zwölf Cent pro Kilowattstunde gedeckelt werden, was heißt: Was über zwölf Cent liegt, übernimmt der Staat. Werden mehr als 80 Prozent verbraucht, hat der Gaskunde dafür den vollen Marktpreis zu zahlen. Die Gaspreisbremse galt ab März 2023, rückwirkend auch für Januar und Februar. Zur Überbrückung wurde die Dezembergasrechnung 2022 voll übernommen. Einen ähnlichen Deckel gab es für Strom und auch für all jene, die mit Öl und Holz heizten, wurden irgendwelche Fonds eingerichtet. Den Überblick hatten die meisten ohnehin längst verloren. Der Deckel hatte allerdings gleich mehrere Haken: Ein Gaspreis von zwölf Cent bedeutete noch immer eine Preiserhöhung um satte 38 Prozent gegenüber dem durchschnittlichen Gaspreis des Vorjahres, für Haushalte mit niedrigem Einkommen eindeutig zu viel und nicht leistbar.[33] Hinzu kam, dass eine Einsparung des Gasverbrauchs um 20 Prozent, um nicht in den noch höheren Marktpreis zu rutschen, nicht für jeden machbar ist. Wer bereits mit kleinem Einkommen ohnehin Heizkosten einspart, wo er kann, wer in einer schlecht isolierten Wohnung mit maroden Fenstern leben muss, hat schlechterdings keine Einsparreserven. Anders als der Haushalt im großzügigen Haus mit Sauna oder Pool. Wer darüber hinaus beim Heizen ohnehin nie auf den Cent achten musste und es auch nicht tat, tat sich nun sichtlich leichter. Es war wieder einmal die schon typische soziale Schieflage einer unsolidarischen Gießkannenpolitik. Die Gaspreisbremse fügte sich nahtlos in das unsoziale Muster der vorherigen Entlastungsprogramme ein. Kritik daran wurde mit einem Schulterzucken abgetan. Doch sollte ohnehin alles ganz anders kommen.

Des Scheiterns fünfter Teil: Scholz packt wieder ein

Es war der 15. November 2023, als das Bundesverfassungsgericht der Ampel den finanzpolitischen Boden unter den Füßen wegzog. Ein wesentlicher Baustein des Ampel-Koalitionsvertrages bestand darin, dass man sich darauf verständigt hatte, 60 Milliarden Euro Kreditermächtigungen, die in der Coronakrise nicht benötigt wurden, in einen Klimafonds umzubuchen. Aus dem neuen Klima- und

Transformationsfonds sollten unter anderem ökologische Gebäudesanierung, Elektromobilität und neue Wasserstoff-Technologien gefördert werden. Auch die Ansiedlung ausländischer Firmen aus dem Bereich der Mikroelektronik und Chipindustrie sollte damit subventioniert werden. Nur mithilfe dieses Buchungstricks hätten die ausgabeträchtigen Projekte der drei Ampelpartner gegenfinanziert werden können, ohne dass für sie die Steuern hätten erhöht werden müssen. Die CDU sah darin jedoch einen Verstoß gegen die Schuldenbremse und bekam Recht. Die 60 Milliarden Euro fehlten nun. Das Urteil kam gerade einen Tag, bevor der Haushaltsausschuss des deutschen Bundestages in seiner sogenannten Bereinigungssitzung nach kleineren Änderungen dem Etat 2024 grünes Licht geben wollte. Die Ampel brauchte etwas Zeit, um überhaupt zu realisieren, was da geschehen war. Auf jeden Fall werde man den Haushalt planmäßig zum 1. Dezember verabschieden, hieß es noch am Tag der Urteilsverkündung aus der SPD-Fraktion. Die Beratungen für den Haushalt 2024 seien durch das Urteil nicht betroffen, ließ sich auch Finanzminister Lindner vernehmen. Über die Tragweite des Urteils aus Karlsruhe schien man sich noch nicht im Klaren zu sein. Dessen Begründung ließ jedoch erkennen, dass auch der 200 Milliarden schwere Wirtschaftsstabilisierungsfonds, aus dem unter anderem die Strom- und Gaspreisbremse gezahlt wurde, nicht verfassungskonform war. Ein Doppelwums, dieses Mal aus Karlsruhe. Mit der Verabschiedung des Haushalts noch vor Weihnachten wurde es nichts mehr. Die Ampelspitzen tauchten stattdessen ab, um einen ganzen Monat lang hinter verschlossenen Türen die fehlenden Milliarden so zusammenzukratzen, dass alle parteipolitisch damit leben konnten. Insgesamt klaffte eine Lücke von rund 17 Milliarden Euro im Haushalt und im Klimafonds von etwa 13 Milliarden. Lindner verhängte vorsichtshalber eine Haushaltssperre und verkündete schon einmal das Ende der Strom- und Gaspreisbremse zum Jahresende.

Am 13. Dezember dann endlich weißer Rauch über dem Kanzleramt: Die drei traten vor die Presse, um zu verkünden, wie es ihrer

Ansicht nach weitergehen solle. Strom- und Gaspreisbremse blieben passé, der Klima- und Transformationsfonds wurde um 12,7 Milliarden Euro geschliffen, Subventionen für die Landwirtschaft wurden gestrichen, der staatliche Zuschuss zur Rentenversicherung gekürzt, bei Hartz IV wurden die Sanktionen bei Arbeitsverweigerung verschärft und der gerade erst eingeführte Bonus für Weiterbildung wieder gestrichen. Auch beim Wohngeld sollten fortan jährlich 250 Millionen weniger ausgegeben werden als geplant. Die Ministerien für Bildung, Verkehr und Entwicklungszusammenarbeit mussten gemeinsam weit über eine Milliarde einsparen.

Zusätzliche Einnahmen sollten vor allem durch die Erhöhung des CO_2-Preises von 30 Cent pro Tonne auf 45 statt, wie eigentlich geplant, auf 40 Cent erzielt werden.

»Wir stärken den sozialen Zusammenhalt«, verkündete Kanzler Scholz gleich zu Beginn seines Statements; ein bemerkenswerter Fall von Autosuggestion oder eine Lüge. In jedem Fall aber die Unwahrheit. Der Gewinner dieses Handels war wieder einmal Lindner. Während Habeck in dem gemeinsamen Auftritt des Ampel-Männer-Trios zerknirscht den Stopp der E-Auto-Förderung und von Programmen in der Solarindustrie bekannt geben musste, konnte Lindner stolz verkünden, dass 2024 nicht nur die Schuldenbremse wieder eingehalten werde, sondern auch Entlastungen bei der Einkommensteuer um 15 Milliarden Euro greifen würden.[34]

Für die Verbraucher war der Effekt vor allem ein spürbarer Schub bei den Energiekosten. Die Bundesregierung versuchte zwar das vorzeitige Aus der Strom- und Gaspreisbremse damit zu rechtfertigen, dass Gas und Strom ja wieder billiger geworden seien, übersah dabei aber, wohl mit Absicht, dass die Verbraucher laufende Verträge haben, aus denen sie nicht ohne Weiteres herauskommen. Sowohl der Gas- als auch der Strompreis lagen im Durchschnitt durchaus noch über dem Preisdeckel von 12 Cent für Gas und 40 Cent für Strom. Hinzu kam, dass zum 1.1.2024 auch die zwischenzeitlich heruntergefahrene Mehrwertsteuer auf Strom wieder auf

19 Prozent steigen sollte und die Bundesregierung auch die Kosten für die Netzentgelte nicht mehr für die Verbraucher übernehmen wollte. Verbrauchsportale wie Verivox oder Check24 rechneten vor, dass auf eine vierköpfige Familie damit Mehrkosten von über 300 Euro im Jahr zukommen, und das bei einem ohnehin bereits exorbitanten Preisniveau. Und dieses Mal gab es keine Einmalleistungen, Boni oder sonst etwas, kein »You never walk alone«. Zumindest nicht für die Armen, für Gutverdiener schon, wie das IW Köln vorrechnete.[35] Die Änderungen bei der Einkommen- und Mehrwertsteuer, bei Sozialbeiträgen, CO_2-Abgabe und Netzentgelten entlasteten nach den Berechnungen des Instituts Singles mit einem Jahreseinkommen von 100 000 Euro um 79 Euro im Jahr, während Singles mit einem Jahreseinkommen von nur 30 000 Euro 76 Euro draufzahlten. Für Familien mit zwei Kindern errechneten die Kölner bei einem Einkommen von 130 000 Euro eine Entlastung von 262 Euro und bei einem Einkommen von 42 000 Euro eine Belastung von 33 Euro. Alleinerziehende mit einem Kind und einem Jahreseinkommen von nur 30 000 Euro waren nach diesen Berechnungen besonders benachteiligt. Sie wurden mit 144 Euro zusätzlich belastet.

Nun lässt sich bei der Einkommenssteuer, die die soziale Schieflage der Ampelbeschlüsse vor allem verursachte, argumentieren, der Grundfreibetrag hätte ohnehin heraufgesetzt werden müssen. Dieser orientiert sich am Grundsicherungsniveau und die Grundsicherung sei ja auch angehoben worden. Da lasse das Grundgesetz keinerlei Spielraum. Das stimmt, gilt aber nicht für den Inflationsausgleich in der Einkommenssteuer. Diese 15 Milliarden Euro teure Maßnahme, von denen 70 Prozent den bestverdienenden 30 Prozent zugutekommen, während Geringverdiener so gut wie gar nicht davon profitieren, hätte durchaus in einem Akt der Solidarität ausgesetzt werden können. DIW-Chef Marcel Fratzscher brachte diesen Vorschlag in die Diskussion ein, lief damit jedoch komplett ins Leere.

Und die Gesellschaft spaltete sich weiter.

Der verpasste Moment: Ein fehlender Appell

Dass das gesamte Krisenmanagement der Ampel nicht gut gehen konnte, zeichnete sich eigentlich schon ziemlich früh ab. Die Ampel war auf gutes Wetter eingestellt. Und selbst wenn dieses geherrscht hätte, wäre völlig unklar gewesen, wie ihr Koalitionsvertrag aufgehen, sprich: wie all das, was da angekündigt war, finanziert werden sollte. Der Ukrainekrieg, die Energiekrise und die Preisexplosionen trafen sie denkbar unvorbereitet. In der Sache ohnehin. Niemand hätte auf diese Krisenkumulation programmatisch vorbereitet sein können. Aber, und das wiegt deutlich schwerer, auch in der Einstellung und in der Haltung.

Es hört sich an wie eine Plattitüde, aber in solchen Krisen wird Führung erwartet, zügige Entscheidungen, eine klare Linie. Streit ist hintanzustellen. Zusammenraufen ist angezeigt. Prioritäten müssen überdacht und neu gesetzt werden. Stattdessen erlebte sich die deutsche Bevölkerung wie auf einem Schiff, auf dem der Kapitän immer mal wieder abtaucht und die Offiziere auf der Brücke in ständigem Streit über den Kurs sind, so laut, dass es alle an Deck mitbekommen. Vertrauen schafft das nicht.

Die Apelle, die im März 2022 von der Brücke an die Menschen gesandt wurden, als klar war, dass es jetzt infolge des Angriffs Russlands auf die Ukraine knüppeldick für Deutschland kommen werde, was Energieversorgung, Wirtschaft und Preise anbelangt, verhießen bei genauem Hinhören gar nichts Gutes. »Der Krieg macht uns alle ärmer«, gab Finanzminister Lindner in der *Bild am Sonntag* die Tonlage vor. Dieses »alle«, mit dem mal wieder die verteilungspolitischen Realitäten in Deutschland verkleistert wurden, durfte stutzig machen.[36] Suggeriert wird mit dieser Rhetorik, wir säßen doch alle im gleichen Boot. Alle hätten wir nun zu leiden, der Milliardär genauso wie der arme Schlucker, der Chefarzt genauso wie die Reinigungskraft. Tatsächlich konnten unsere 225 Milliardäre in Deutschland auch im ersten Kriegsjahr ihr Vermögen noch um über 80 Milliarden steigern, während andere ratlos auf ihre Gasrechnung schauten.[37] In das gleiche Horn stieß auch Vizekanzler Habeck, der mit sorgenvoller Miene, geradezu zerknautscht wirkend, im ZDF heute-journal Ende März 2022 so etwas wie Klartext sprechen wollte. Deutschland sei im Ukrainekonflikt eine Wirtschaftskriegspartei und werde dafür einen Preis zahlen müssen. »Wir werden dadurch ärmer werden«, schockte auch er die Zuschauer. Und: »Die Frage wird beantwortet werden müssen, wie wir das gerecht verteilen.«[38] Habeck warf damit tatsächlich die Gretchenfrage auf. Nur gab er keine Antwort. Er kniff einfach, der große Erklärer, und schob sie gleich wieder weg. Dort, wo ein flammender Apell hätte kommen müssen an die Solidarität der Starken mit den Schwachen, wo hätte deutlich gemacht werden müssen, dass es um nichts Geringeres als den Zusammenhalt unserer Gesellschaft geht und dass wir nur dann unbeschadet aus dieser Krise hervorgehen werden, wenn diejenigen, die es können, sich in besonderer Weise an der Finanzierung der notwendigen Entlastungsprogramme beteiligen, kam einfach: nichts. In einem Moment, wo Führung angesagt gewesen wäre, wo eine Regierung nicht nur beruhigen, sondern auch klare Erwartungen hätte formulieren müssen an die, deren Unterstützung sie und wir alle gebraucht hätten – und das sind nun einmal die Reichen in Deutschland –, reichte es lediglich zu einem zarten Hinweis, dass man dann mal schauen müsse, wie man die Krisenkosten gerecht verteile. Der nie vergessene Hinweis in all diesen Regierungsansprachen, dass man sich um die Bedürftigen selbstverständlich kümmern werde, war damit von vornherein nie besonders glaubwürdig. Denn aus der Vergangenheit wussten wir bereits zu gut: Wer sich nicht traut, die Verteilungsfrage zu stellen und auch solidarisch zu beantworten, wird sich auch nicht kümmern (s. S. 100 ff.). Die Ampel hatte den richtigen Moment verpasst, weil sie im Grunde nichts mitzuteilen hatten. Die gelegentlich vom Kanzler selbst in Kindersprache eingeworfenen Bilder von Wums und Doppelwums oder sein von Frank Sinatra und dem FC Liverpool entliehenes »You'll never walk alone«, das er so authentisch rüberbrachte wie einen abgedroschenen Werbeslogan, halfen da auch nicht weiter. Ganz im Gegenteil. Der Weg war vorgezeichnet.

Der Subtext bei all diesen Auftritten und phrasenhaften Botschaften: Alles schlimm, aber wir, die Regierung, regeln das schon. Alles im Griff. Niemand muss sich sorgen. Auch nicht die Wohlhabenden, dass sie vielleicht doch mal teilen müssten. Mit diesen kollektiven Entspannungsübungen war von Anfang an absehbar: Es waren mal wieder die Armen, diejenigen, die wirklich noch ärmer wurden, die allen Grund hatten, sich sogar große Sorgen zu machen.

Ein Sommer zum Mäusemelken oder warum es so schwierig ist, eine Bewegung zu bilden

Laues Lüftchen statt heißer Herbst

Es war zum Mäusemelken. Die Bundesrepublik schlitterte im Frühjahr 2022 mit Corona, Energieknappheit und explodierenden Lebenshaltungskosten in die größte Krise ihrer Geschichte. Die Bundesregierung legte ein Entlastungsprogramm für die Bürgerinnen und Bürger vor, das keinerlei gemeinsame Linie dieser Koalition erkennen ließ. Jeder bekam sein parteipolitisches Ding, gern auch Projekt genannt. Mit vollen Händen wurde das Geld für Tankrabatt, 49-Euro-Ticket oder Steuererleichterungen in alle Richtungen ausgeschüttet, ohne Ansehen, ob es dort wirklich gebraucht wurde, ohne Prioritäten und ohne Konzept (s. S. 20 ff.). Das konnte nicht gut gehen. Jedes Geld ist endlich, vor allem dann, wenn man auch noch eine Schuldenbremse hochhält und Steuererhöhungen ausschließt (s. S. 17 ff.).

Spätestens jetzt hätte es einer breiten außerparlamentarischen Bewegung bedurft, die echte Solidarität mit den Schwächsten und eine Wende in der Steuerpolitik einfordert. Stattdessen breitete sich lediglich ein unübersichtliches »Bewegungschaos« aus, das am Ende alles nur noch schlimmer machte.

Die Linke prescht vor

Den Anstoß zu diesem Chaos gab, völlig unerwartet und unbeabsichtigt, ausgerechnet unsere grüne Außenministerin. Auf einer Podiumsdiskussion des Redaktionsnetzwerk Deutschland (RND) warnte Annalena Baerbock im Juli 2022 – das Gas aus Russland strömte noch – vor »Volksaufständen« für den Fall, dass das russische Gas ausbliebe. Für die Medien war es ein gefundenes Fressen. Von einem »Wutwinter«, der der Regierung drohe, wurde plötzlich mitten in diesem heißen Sommer gesprochen.

Die AfD witterte ihre Chance. Aber Emissäre der Linkspartei sichteten zügig Kontakt zu Gewerkschaften und Sozialverbänden, um so schnell wie möglich mit Protesten nach draußen zu gehen. Die Linke befürchtete, die Straße ansonsten allein den Rechten zu überlassen. Immerhin zeigte sich jeder und jede Vierte in Umfragen willig und bereit, sich an Protesten gegen steigende Preise zu beteiligen. Und bei AfD-Wählerinnen und -Wählern war diese Bereitschaft gleich doppelt so hoch wie beim Rest der Bevölkerung.[1] So getrieben rief die Linke Anfang August zu einem »Heißen Herbst« gegen die Politik der Bundesregierung auf – gemeinsam mit Gewerkschaften, Klimabewegung und Sozialverbänden, wie Linken-Co-Chef Martin Schirdewan im ZDF betonte.[2] Der kleine Schönheitsfehler: Außer einigen lokalen Kooperationen gab es kein derartiges Bündnis. So ruderte Schirdewan einige Tage später auch gleich wieder zurück und sprach lediglich noch von einer »Einladung« an Gewerkschaften, soziale Bewegungen und Wohlfahrtsverbände.[3] Kein guter Start. Der Traum von einer Linkspartei an der Spitze einer breiten Protestbewegung war schnell ausgeträumt.

Schirdewan hätte wissen können, dass es so nicht funktioniert. Nichtregierungsorganisationen (Non-governmental organisations, NGOs) formieren sich niemals hinter einer Partei. Aus Prinzip, aber auch aus der Sorge heraus, parteipolitisch vereinnahmt und instrumentalisiert zu werden. In der Regel bleiben solche NGO-Bündnisse für Parteien geschlossene Gesellschaften. In den Vorbereitungszirkeln irgendwelcher Aktionen haben sie bestenfalls Gaststatus. Auf Demonstrationen dürfen sie sich hinten anschließen. Gelegentlich werden sie auch gebeten, ihre Fahnen zu Hause zu lassen. Auf den Bühnen reden dürfen sie eigentlich nie. Dann kann es in der Tat passieren, dass ein Gregor Gysi irgendwo im Demonstrationszug von einem Lautsprecherwagen der Linken herab seine Hörerschaft suchen muss. Lediglich die klassische Friedensbewegung hat da weniger Berührungsängste.[4][5]

Kaum hatte die Linke zu ihrem »Heißen Herbst« aufgerufen, wurde erst einmal gestritten, an welchem Wochentag denn demonstriert werden soll oder darf. In Reminiszenz an alte Zeiten hatte der Leipziger Abgeordnete und Ostbeauftragte der Linken-Bundestagsfraktion, Sören Pellmann, zu Montagsdemonstrationen eingeladen. Dumm nur, dass der beliebte Montag seit Corona schon von Schwurblern und Allzeitwutbürgern besetzt war, von Reichsbürgern und anderen ultrarechten Sonderlingen. Aus Thüringen mahnte daher der linke Ministerpräsident Bodo Ramelow, um Himmels Willen Abstand zu den Rechten zu wahren, und warnte vor dem Montag.[6] Fraktionschef Dietmar Bartsch ficht das nicht an. Immerhin würden die Montagsdemos zur Gründungs-DNA seiner Partei gehören.[7] Und so ging es munter hin und her, bevor auch nur ein linker Demonstrant einen Fuß vor die Tür gesetzt hatte.

Schließlich kamen am Montag, den 5. September, einige Tausend Linke nach Leipzig, nicht ohne vorher noch öffentlich über eine mutmaßliche Ausladung der unvermeidlichen Sarah Wagenknecht als Demorednerin gestritten zu haben[8], und sehr bemüht, sich fernzuhalten von Freien Sachsen, AfD und anderen Rechtsradikalen, die dort zeitgleich demonstrierten und in ihrem Querfrontbemühen insbesondere durch »Sahra-Sahra«-Sprechchöre auffielen.

Aufrufe ohne Widerhall und ein ausgefallener
Tag der Solidarität

Nur einen Tag später überraschte ein mit bekannten Berliner Linken gespicktes neues Bündnis namens »Heizung, Brot und Frieden«. Einige Hundert Demonstrantinnen und Demonstranten, hauptsächlich aus der Aufstehen-Bewegung von Sahra Wagenknecht und diversen K-Gruppen, fanden sich vor der Berliner Parteizentrale der Grünen ein. Hier glaubten sie, die Hauptverantwortlichen für Energieknappheit und Preissteigerungen verorten zu können. Forderungen nach einer Preisdämpfungspolitik vermischten sich mit einer Fundamentalkritik an Baerbocks Unterstützung des Verteidigungskampfes der Ukraine und der Forderung nach Beendigung der Sanktionen gegen Russland.[9]

Weitere kleinere Demonstrationen und Kundgebungen plätscherten im Weiteren vor sich hin. Der von den Linken für den 17. September angekündigte bundesweite Aktionstag zum »Heißen Herbst« floppte voll. Co-Vorsitzender Schirdewan sprach in Halle vor 200 Menschen. Ähnlich erging es anderen Parteigrößen.[10]

Ende Oktober dann der »Tag der Solidarität«, eine Pleite, die sich bei mir tief eingebrannt hat. Ein absoluter Tiefpunkt in meinem beruflichen Leben. Ein Tag, der mich maßlos frustrierte, aber auch sehr nachdenklich machte. Wir wollten alles besser machen als die Linkspartei und statt eines »Heißen Herbstes« einen »Herbst der Solidarität« ausrufen. Wir, das waren vor allem Campact, Ver.di und der Paritätische. Von den Klima- und Umweltverbänden waren der Bund Umwelt- und Naturschutz (BUND) und später auch Greenpeace an Bord, Attac machte mit und die Bürgerbewegung Finanzwende. Von den Sozialverbänden war die ostdeutsche Volkssolidarität dabei.

Monate hatte es gedauert, die Partner dafür zusammenzubekommen, vorsichtig zu sondieren, vertrauliche Gespräche zu führen, zu verhandeln und sich schließlich auf eine Strategie und auf gemeinsame Forderungen zu einigen. Es ging ums Geld, um die Steuer- und Finanzpolitik. Es ging darum, die alten Umverteil-Forderungen wieder auf die Agenda zu bringen – Vermögenssteuer, Erbschaftssteuer, Spitzensteuersätze und so weiter.

Von dem »Heißen Herbst«, den sowohl die Linke als auch die AfD ausgerufen hatten, wollten wir uns klar abgrenzen. Die starke Präsenz von Rechtspopulisten machte uns zu schaffen und auch mit dem Label »Heißer Herbst« kamen wir nicht klar. Es war uns zu aggressiv und zu missverständlich. Assoziationen von brennenden Autos oder Ähnlichem waren uns zu naheliegend. Unter den Akteuren des »Heißen Herbstes« fanden sich auch zu viele, die den Ausweg aus der Energie- und Preiskrise, die Deutschland im Griff hatte, vor allem in der Beendigung der Sanktionen gegen Russland sehen wollten, von Sahra Wagenknecht oder dem Ex-Vorsitzenden der Linken, Klaus Ernst, bis hin zum AfD-Chef Tino Chrupalla und seiner Partei. Wir wollten ein Protestangebot machen, das nicht auf Aggression und Hitze setzte. Wir wollten uns klar distanzieren von rechten Parolen und auch die Solidarität mit der Ukraine nicht aufgeben, was deren Selbstverteidigungsrecht ohne Wenn und Aber einschloss. Wir wollten kein einfaches »Preise runter« und auch kein plumpes Regierungs-Bashing, wie es die Rechten auf ihren Demos betrieben. Wir wollten Druck machen in Richtung einer Politik, die auch in diesen sehr schwierigen Zeiten das Ziel einer sozialökologischen Wende nicht aus den Augen verliert. Und wir waren sicher, dass es in diesem Land mit der weltweit viertstärksten Wirtschaftskraft gelingen kann und muss, niemanden zurückzulassen bei der notwendigen Transformation. Die Forderung nach einer solidarischen Steuer- und Finanzpolitik bildete unsere Klammer. Uns war bewusst, dass wir damit von der Ampel, die sich gerade hinter ihrem Finanzminister Christian Lindner anschickte, milliardenschwere Steuergeschenke für Besserverdienende auf den Weg zu bringen, im Grunde nichts Geringeres verlangten als eine 180-Grad-Wende ihrer Politik (s. S. 17 ff.). Unter Realpolitik werden viele etwas anderes verstehen. Aber nun: Wir waren die Straße.

Und wir hatten Glück. Trotz schlechter Vorhersagen wollte das Wetter dann doch mitspielen an diesem 22. Oktober 2022. Die Sonne kam heraus und bescherte uns einen wohlig warmen Oktobertag. Besser ging es nicht. Ideales Demo-Wetter. Als ich am Berliner Invalidenpark in Berlin Mitte, unweit des Hauptbahnhofs, eintraf, wo die Demo starten sollten, ragten schon die Fahnen von Ver.di, Greenpeace und all den anderen in die Höhe. Auch die Berliner Linke hatte sich in beträchtlicher Zahl eingefunden. Die Presse war schon da. Alles also in bester Ordnung.

Während ich noch plaudernd durch die Reihen zog in Richtung Demospitze, hörte ich allerdings bereits mehr als einmal: »Könnten ruhig noch ein paar mehr werden.« »Abwarten«, gab ich zurück, »wird schon«. Doch Mist, da wurde gar nichts. Als es dann losging, die bittere Wahrheit: Gerade einmal 5 000 Menschen hatten sich vor dem Bühnenwagen versammelt.

Und auch während des Zugs zum Brandenburger Tor wollten es nicht mehr werden. Als Auftaktredner der Schlusskundgebung bemühte ich mich, trotzdem eine kämpferische Stimmung zu verbreiten. Doch wollte es nicht gelingen. Der Funke sprang einfach nicht über. Zu groß war das Missverhältnis zwischen der großen und imposanten Bühne und der alles andere als imposanten Teilnehmerzahl, zu groß waren die Lücken im Bühnenpublikum auf dem Pariser Platz, zu groß der unterdrückte Frust.

Ver.di-Chef Frank Wernicke brachte nach mir wacker unsere politischen Forderungen unters Volk und traf als Gewerkschafter durchaus den richtigen Ton. Olaf Bandt, Vorsitzender des BUND, hatte sich die kaum lösbare Aufgabe gestellt, von einer Demobühne herab klimapolitische Zusammenhänge zu erklären. Stimmung kam so nicht auf. Eine junge Sprecherin von Fridays for Future hielt dann eine sehr temperamentvolle Rede. Ihr rechter Arm sauste bei jedem Satz energisch durch die Luft, während ihre linke Hand ein Smartphone hielt, auf das sie gelegentlich schaute.

Dann der für uns absolute Worst Case: Die Schlusskundgebung unseres Tags der Solidarität war noch längst nicht zu Ende, die Reden zogen sich und wir waren weit hinter dem Zeitplan, als sich nur zwei Kilometer entfernt eine ganz andere Demo zu formieren begann: die Solidaritätskundgebung mit den aufbegehrenden Frauen im Iran. Wie aus dem Nichts kommend strömten plötzlich Tausende von Demonstrantinnen und Demonstranten mit den Farben des iranischen Protests achtlos an unserer Bühne vorbei Richtung Großer Stern. Und es wollte schier kein Ende nehmen. Als schließlich, ganz programmgemäß, nur viel zu spät, Ver.di-Mitglieder auf unserer Bühne von ihren Arbeitskämpfen berichten wollten, war der Platz vor dem Brandenburger Tor praktisch leergefegt. Stoisch zogen die Gewerkschafter ihren Auftritt dennoch durch. Was sollten sie auch tun? Es war ernüchternd.

Ich konnte mich nur zu gut in sie hineinversetzen. Mir selbst ist es einmal auf einer Demo der Unteilbar-Bewegung sehr ähnlich ergangen. Ich setzte gerade zu meiner Rede an, als die Demo-Regie plötzlich alle Teilnehmer und Teilnehmerinnen aufforderte, einen Kilometer weiter einen AFD-Aufzug zu blockieren. Während ich mir die Seele aus dem Leib agitierte, drehten sich schlagartig alle, aber auch alle um, kehrten mir den Rücken zu und gingen. So etwas braucht man wirklich nicht.

An diesem 22. Oktober in Berlin gab es jedoch weder einen plötzlichen Aktionsaufruf noch sonst irgendein Crescendo. Es war vielmehr, als würden Kundgebung und Botschaft mangels Interesse einfach »ausgefaded«.

Bundesweit wurden in den sechs Aktionsstädten – Berlin, Frankfurt am Main, Düsseldorf, Hannover, Stuttgart und Dresden – an diesem Tag lediglich 24 000 Menschen gezählt. Nun hatten wir in unserer Öffentlichkeitsarbeit vorsichtshalber auch nur 20 000 inseriert, doch hatte ich zu keinem Zeitpunkt angenommen, dass es tatsächlich so wenige werden könnten. Dass es in Berlin nur 5 000 waren, erschütterte mich. 5 000 in einer 3,5-Millionen-Stadt. Da war nichts schön zu reden. Es war ein totaler Reinfall.

Im November vermochte es dann ein Berliner Aktionsbündnis namens »Umverteilen jetzt« tatsächlich, immerhin 7 000 Menschen in Bewegung zu setzen. Es war ein Zusammenschluss von Mietervereinigungen, Pflegekräften, Umweltgruppen, Armutsbetroffenen und vielen anderen. Ein »Mosaik der Bewegungslinken der Stadt«, wie die *taz* schrieb.[11] Dieser Zusammenschluss hatte geschafft, wozu die großen Player nicht in der Lage waren. Sie hatten sich mit »Umverteilen« auf *eine* gemeinsame Message verständigt. Sie alle brauchten Geld für ihre Anliegen, sie alle kritisierten die ungerechte Verteilung des Reichtums dieser Gesellschaft. Ihre gemeinsame Forderung war folgerichtig und verband sie.

Aber das war es auch schon an nennenswertem linken Protest. Der »Heiße Herbst« hatte sich als lauwarmes Lüftchen vorgestellt und der »Herbst der Solidarität« war erledigt, bevor er überhaupt gestartet war. Da kam nichts mehr.

Den einen oder anderen wird es vielleicht getröstet haben, dass es von rechts auch nur zu einem vornehmlich ostdeutschen Strohfeuer reichte. Zwar gelang es AfD und anderen Rechtsextremen, anfangs von Woche zu Woche mehr Menschen zu mobilisieren. Nach einem Höhepunkt am 3. Oktober 2022, an dem in Ostdeutschland tatsächlich rund 100 000 Demonstrantinnen und Demonstranten in verschiedenen Orten auf der Straße waren, fiel das Ganze dann aber schnell wieder in sich zusammen.[12]

Linke Kakophonie

So schwer überschaubar wie die Aktionen waren auch die Forderungen, die aus dem linken Lager kamen. Das war bei Weitem nicht nur der Zerrissenheit der Linken zwischen Gegnern und Befürwortern der Sanktionen gegen Russland geschuldet. Jenseits dieses Schismas, dort wo es um Konkretes ging, wurde es erst so richtig unübersichtlich. Bereits zu Jahresbeginn 2022 forderte der Vorsitzende der Linksfraktion im Deutschen Bundestag, Dietmar Bartsch, zur Entlastung der von den Energiepreisen gebeutelten Bürgerinnen und Bürgern eine allgemeine Absenkung der Mehrwertsteuer auf Strom, Gas, Heizöl und Sprit. Preise runter für alle.[13] Dann ging es plötzlich um die Abschaffung der Mehrwertsteuer auf Grundnahrungsmittel. Die Linke stellte sich hinter einen entsprechenden Vorstoß der CSU.[14] Später wurde daraus ein linkes Antiinflationsgeld von 1500 Euro für Menschen mit niedrigen und mittleren Einkommen.[15] Noch etwas später ein »sozialer Klimabonus« von 125 Euro sowie 50 Euro für jede weitere Person im Haushalt.[16] Statt der Habeck'schen Gasumlage zur Rettung von Uniper wollte man einen echten Gas- und Strompreisdeckel, finanziert am besten durch die von Lindner so geschmähte Übergewinnsteuer. Die Umweltverbände beharrten weiterhin auf ihr Klimageld, sprich die komplette Rückzahlung der CO2-Abgabe an alle Verbraucher in Form einer einheitlichen Pro-Kopf-Pauschale. Der grüne Landwirtschaftsminister Özdemir sprach sich derweil für den Wegfall der Mehrwertsteuer auf Obst, Gemüse und Hülsenfrüchte aus[17] und die Gewerkschaft für Erziehung und Wissenschaft für ein 100 Milliarden Euro starkes Sondervermögen für Bildung.[18] Die Klimabewegung zog mit einem 100-Milliarden-Sondervermögen für das Klima nach.[19] Wohlfahrtsverbände drängten auf eine Erhöhung von Hartz IV und ein besseres Wohngeld.

Dass da nichts so recht zusammenpassen wollte und man eher orientierungs- und konzeptlos genauso herummäanderte wie die Bundesregierung, schien insbesondere die Linkspartei, aber auch viele andere Gruppierungen aus dem linken Spektrum nicht weiter zu stören. Immerhin teilten sie sich ihre Konfusion mit fast der ganzen Bevölkerung. Nach einer Umfrage der ARD war nur eine kleine Minderheit von 22 Prozent der Befragten der Ansicht, dass mit den Entlastungsprogrammen alle, unabhängig von ihrem Einkommen, entlastet werden sollten. Die ganz große Mehrheit wollte nur kleine und bestenfalls noch mittlere Einkommen entlastet sehen und sprach sich folgerichtig für Direktzahlungen an diese Haushalte (81 Prozent) oder Verbesserungen beim Wohngeld (72 Prozent) aus. Zugleich aber befürworteten drei Viertel eine Gas- und Strompreisbremse und zwei Drittel sogar eine Erhöhung der Pendlerpauschale, Maßnahmen also, von denen Haushalte mit hohem Verbrauch und hohen Einkommen besonders profitierten.[20]

Nun kann es ja durchaus verlockend sein, einfach mal alles einzufordern, ohne Rücksicht auf Finanzierungen und ohne Prioritäten, von der verbilligten Hülsenfrucht bis zur höheren Pendlerpauschale. Nur wird man so niemals eine kraftvolle Bewegung auf die Beine stellen können, mit der man eine Bundesregierung beeindrucken könnte. Ohne eine echte Stoßrichtung lässt sich zwar ein allgemeiner Handlungsdruck erzeugen. Aber der war im Sommer und Herbst 2022 ohnehin gegeben. Es fehlte die Richtung.

Der DGB macht sein Ding

Während die Linke sich also wenig erfolgreich zu sammeln versuchte, konnte Olaf Scholz einmal mehr sein Talent als Stratege unter Beweis stellen. Bereits Anfang Juni hatte er im Bundestag eine konzertierte Aktion mit Gewerkschaften und Arbeitgebern angekündigt, um der Preiskrise Herr zu werden. Eine Inflationsrate von sieben Prozent – Tendenz steigend – ließ Schlimmes befürchten für die noch ausstehenden Tarifverhandlungen. Eine Lohn-Preis-Spirale zu den ohnehin explodierenden Preisen sollte unbedingt vermieden werden. Um die Tarifauseinandersetzungen zu beruhigen, warb der Kanzler für Einmalzahlungen an die Arbeitnehmer, für die er Steuer- und Sozialabgabenfreiheit in Aussicht stellte. Die Hoffnung war, dass sich die Gewerkschaften im Gegenzug bei den prozentualen Tarifsteigerungen zurückhalten würden. Am 4. Juli traf man sich dann. Je acht Vertreter der Gewerkschaften und der Arbeitgeber, der Chef der Bundesbank, Finanz-, Arbeits- und Wirtschaftsminister und ein Mitglied des Sachverständigenrats zur Begutachtung der wirtschaftlichen Entwicklung. Wenn auch aus dem Gewerkschaftslager reflexhaft klargestellt wurde, Tarifverhandlungen seien ausschließlich Sache der Tarifparteien und fänden nicht im Kanzleramt statt, so schien der Köder doch verfangen zu haben. Und noch wichtiger: Man verständigte sich auf einen Terminplan. Mitte September sollte die nächste Zusammenkunft sein. Bis dahin wollte man über Instrumente nachdenken, wie die Lohn-Preis-Spirale verhindert und Realeinkommenseinbußen der Arbeitnehmer abgemildert werden könnten. Die Arbeitgeberseite brachte schon mal den Abbau der kalten Progression, sprich Steuerentlastungen, ins Gespräch.

Das aus Sicht des Kanzleramtes so Charmante an dem Zeitplan: Er versprach dem Kanzler einen protestfreien, ruhigen Sommer. Wer am politischen Verhandlungstisch sitzt, wer eingeladen ist, gemeinsam nach Lösungen zu suchen, der geht nicht auf die Straße, um lautstark Druck zu machen, der verbündet sich auch nicht mit

Kräften, die genau das vorhaben. Das tut man nicht. Es herrscht eine Art unausgesprochener Friedenspflicht. Ende August, noch vor dem zweiten Treffen, kam Michael Vassiliadis, Chef der Energiegewerkschaft IG BCE, mit dem Vorschlag eines steuerfreien Entlastungsgeldes, eine befristete Zulage, die die Arbeitgeber zahlen und die der Staat steuer- und abgabenfrei stellen sollte. Man kam sich näher.[21] Als dann der Koalitionsausschuss Anfang September sein drittes Entlastungspaket vorstellte, war eigentlich schon alles mehr oder weniger unter Dach und Fach. Milliardenschwere Steuererleichterungen zum Abbau der kalten Progression fanden sich ebenso in dem Paket wie eine sogenannte Inflationsausgleichsprämie von 3 000 Euro, im Wesentlichen nach Vassiliadis' Muster. Gewerkschaften und Arbeitgeber zierten sich pflichtgemäß noch etwas, das Angebot des Kanzlers anzunehmen, doch zeigte man sich alles in allem zufrieden, zumal auch die von den Gewerkschaften favorisierte Gaspreisbremse als Alternative zur ungeliebten Gasumlage bereits am Horizont sichtbar wurde.

Bestrebungen nach einem breiten linken Bündnis, geschweige denn einer Bewegung für eine solidarische Politik, die mit Priorität die Einkommensschwächsten in den Blick nimmt und diese Gesellschaft zusammenführt, waren damit ausgehebelt. Der DGB machte sein eigenes Ding. Von den großen Einzelgewerkschaften blieb nur noch Ver.di in Bündnissolidarität mit all jenen, die in dieser Krise für wirkungsvollere Hilfen für die Schwächsten und für Umverteilung warben. Spätestens mit der Ankündigung des Gaspreisdeckels hatte sich der große Bündnistraum für eine solidarische Politik, die keinen zurücklässt, dann endgültig erledigt.

Von den Schwierigkeiten, eine Bewegung zu bilden

Wie schafft man eine Bewegung? Oder wie bekommt man wenigsten ein kleines Bündnis gegen Armut hin? Kann doch eigentlich nicht so schwierig sein, werden die meisten denken. Niemand will

Armut. Breitester Konsens. Man muss doch nur alle bekanntermaßen Guten an einen Tisch setzen: Gewerkschaften, Kirchen, Sozial- und Wohlfahrtsverbände, ein paar nicht zu anstrengende, professionell arbeitende Aktivisten wie Attac oder Campact und in letzter Zeit natürlich, ganz oben am Kopf des Tisches, Umweltverbände und Klimaschützer. Dann läuft's doch wie von selbst.

Doch von wegen. Schon das An-einen-Tisch-Setzen kann dauern. Um im Bild zu bleiben: Dem einen passt sein Stuhl nicht, dem anderen sein Sitznachbar, den dritten stört die Zahl der Gäste und ein anderer hat spontan noch ein paar Freunde mitgebracht. Andere haben gerade keine Zeit oder auch im Moment keine Lust. Haben endlich alle Anwesenden Platz genommen, macht sich häufig Ernüchterung breit und die Erkenntnis: Das funktioniert so nicht. Sicher, alle sind gut, keiner will Armut, alle wollen sie sie bekämpfen oder am liebsten ganz abschaffen. Doch ist jede dieser Organisationen eingewoben in ein kompliziertes Geflecht von Abhängigkeiten, Rücksichtnahmen, Mitgliederinteressen oder auch parteipolitischen Verknüpfungen. Und sie haben, bei aller Abneigung gegenüber der Armut, doch recht unterschiedliche Themen- und Zielprioritäten. Eine Gewerkschaft ist nun einmal eine Arbeitnehmervertretung und keine Arbeitsloseninitiative und ein Wohlfahrtsverband organisiert in erster Linie Dienstleistungen und ist kein sozialpolitischer Kampfverband.

Beginnt dann die Diskussion, werden zwar alle am Tisch erst einmal zustimmen: »Ja, Armut gehört beseitigt, abgeschafft.« Aber schon nach ganz kurzer Zeit wird sich der Erste zu Wort melden und zweifelnd fragen, ob das nicht etwas zu radikal formuliert sei. Ob das überhaupt realistisch sei, wird ein Zweiter einwerfen. Man darf sich die sich dann entspinnende Diskussion durchaus wie eine Szene aus der berühmten Monty-Python-Komödie *Das Leben des Brian* vorstellen. Der Forderungskatalog wird immer detaillierter, immer komplizierter, wahlweise aber auch immer allgemeiner, immer nichtssagender, auf jeden Fall aber länger. Und dann sind da natürlich diejenigen, für die längst feststeht, dass sie sowieso nicht mitmachen werden, die aber auch nichts verpassen wollen, diejenigen, die immer dabeisitzen, aber eigentlich jedes Bündnis nur lähmen.

Die Scheinbündnisse

Paradebeispiel ist nach wie vor ein Bündnis namens »Allianz für Weltoffenheit«. Das ganz große Rad wollten dessen Gründer 2016 drehen. Es sollte die Antwort der Anständigen auf den zu dieser Zeit stark aufkeimenden Fremdenhass und Rassismus in Deutschland werden. Die ganz Großen, die tragenden Säulen unserer Gesellschaft, sollten nach dem Willen der Initiatoren gemeinsam ein starkes Zeichen setzen »für Weltoffenheit, Solidarität, Demokratie und Rechtsstaatlichkeit – gegen Intoleranz, Menschenfeindlichkeit und Gewalt«, so der etwas sperrige Titel ihres Aufrufes. Arbeitgeber und Gewerkschaften, Kirchen und Religionsgemeinschaften, Wohlfahrt, Sport, Naturschutz und Kultur sollten sich unterhaken und taten es auch gern. Die Bundesvereinigung der Deutschen Arbeitgeberverbände (BDA), der DGB, die Bundesarbeitsgemeinschaft der Freien Wohlfahrtspflege (BAGFW), die Deutsche Bischofskonferenz, die Evangelische Kirche, der Zentralrat der Juden, der Koordinationsrat der Muslime, der Deutsche Kulturrat, der Deutsche Naturschutzring und der Deutsche Olympische Sportbund. Heraus kam dabei schließlich ein Aufruf von so erhabener Allgemeinheit, dass der Unterstützerkreis dieser Allianz im Nullkommanichts vom »Arbeitskreis Musik in der Jugend« über den »Bund gegen den Missbrauch der Tiere« und dem »Forum Typografie« bis zum Vogelschutzkomitee reichte. Der Aufruf war so derart glatt geschliffen, dass er wirklich alle zur Unterschrift einlud, die nicht völlig abseits der Verfassung standen. Menschenfeindlichen Äußerungen und Handlungen wollte man erklärtermaßen entgegen- und für faire Asylverfahren eintreten. Die Grundrechte sollten geschützt und das staatliche Gewaltmonopol durchgesetzt werden. Im Übrigen war man für ein Europa, das die Menschenwürde schützt und Ähnliches. Wie eine langweilige Sonntagspredigt, mit der der Pfarrer keinem Gemeindemitglied auf die Füße treten möchte, las sich das Manifest. Keine Ecken, keine Kanten, nichts Konkretes. Alles in Schwindel erregender Flughöhe.

Als es dann im Juni 2016 ernst wurde und sich zigtausende Menschen in ganz Deutschland tatsächlich unterhakten und Menschenketten auf den Straßen bildeten unter dem Motto »Hand in Hand gegen Rassismus für Menschenrechte«, konnte sich der Zusammenschluss schon nicht mehr auf eine aktive Rolle bei dieser Aktion verständigen. Auch der Versuch, mit einer gemeinsamen öffentlichen Verlautbarung auf die Häufung von Anschlägen in Frankreich und Deutschland im Sommer 2016 zu reagieren, scheiterte. Das Bündnis entpuppte sich als Scheinbündnis. Und wie es mit Scheinbündnissen so ist: Wenn man irgendwann in den Landeanflug muss und sich den Ebenen nähert, ist ganz schnell Schluss. Formelkompromisse brechen auseinander. Aktionen bleiben aus. Was bleibt, ist Sprachunfähigkeit.

Die Gewerkschaften

Vertreter und Vertreterinnen von Gewerkschaften, Kirchen und Verbänden haben Beschlusslagen oder Order, auf die sie festgenagelt sind. Sie haben Hierarchien und Führungsgremien mit ganz eigenen strategischen Vorstellungen, sei es ein Vorstand oder eine Bischofskonferenz. Und sie haben Mitglieder, die ihnen nach Möglichkeit nicht davonlaufen sollen.

Wer etwa Gewerkschaften oder gar den DGB als Dach der acht Einzelgewerkschaften für ein Bündnis gegen Armut gewinnen will, sollte wissen: Ganz vorn bei Arbeitnehmervertretungen stehen selbstverständlich tarifpolitische und keine Armutsfragen. Es geht in erster Linie um die Arbeitsbedingungen und die Entlohnung ihrer Mitglieder. Selbst dann, wenn Gewerkschaftsfunktionäre über ihren tarifpolitischen Tellerrand hinausschauen und ihre Organisation in Auseinandersetzungen über allgemeinpolitische Fragen führen wollen, von der Armut bis zur Ökologie, bleibt das Tarifthema immer und geradezu zwangsläufig in ihren Köpfen. Der tarifpolitische Erfolg ist Voraussetzung für alles andere. Wenn sich auf diesem Feld nichts bewegt, sind die Mitglieder auch für nichts anderes zu mobilisieren.

So wie Organisationen nun einmal gestrickt sind, gehen Organisationsprobleme immer vor Sachprobleme. Es ist ja gerade die große Kunst des Organisationsmanagements, beides auf eine gemeinsame Linie zu bringen und Widersprüche aufzulösen. Quasi natürlich gehen jedoch der Selbsterhalt und das Wohl der Organisation immer vor. Bei einer seit Jahren abnehmenden Tarifbindung – nur noch etwa die Hälfte der Beschäftigten arbeitet in tarifgebundenen Betrieben – und bei zurückgehenden Mitgliederzahlen ist klar, wo für die Gewerkschaftsspitzen die Priorität liegen muss. Im Zweifelsfalle nicht in der Höhe von Hartz IV. Mit armutspolitischen Forderungen lassen sich Facharbeiter kaum zum Gewerkschaftsbeitritt bewegen. Ganz im Gegenteil. Was es braucht, sind erfolgreiche Tarifschlachten und eine erfolgreiche Arbeitnehmerlobby in der Steuerpolitik. Der Kampf für bessere Schulen und Straßen ist gut und schön, aber letztlich zählt, was die Mitglieder im Portmonee haben. Nicht umsonst geht die gewerkschaftliche Forderung nach einer Erhöhung des Spitzensteuersatzes immer einher mit der Forderung nach Steuererleichterungen für untere und mittlere Einkommen. Armutspolitische Schnittmengen finden sich am ehesten in der Wohnungs- und Mietenpolitik, wo der Mangel an bezahlbarem Wohnraum längst nicht mehr nur ein Problem der Armen ist. Mit zunehmender Altersarmut ergibt sich eine solche Schnittmenge auch in der Rentenpolitik und selbstverständlich beim gesetzlichen Mindestlohn.

Dabei ist Gewerkschaft bekanntermaßen nicht gleich Gewerkschaft. Es macht schon einen Unterschied, ob ich mehrheitlich gut bezahlte Facharbeiter aus der Chemie- oder Automobilindustrie vertrete wie die IGBCE oder die IG Metall oder ob ich als Ver.di die Fahne für Pflegekräfte, Erzieherinnen, Busfahrer oder Müllwerker hochhalten muss. Nicht zufällig hat Ver.di unter den großen Gewerkschaften noch die am besten wahrnehmbare armutspolitische Seite. So war es auch gar nicht verwunderlich, dass die Gewerkschaften auf Lindners Pläne zum Abbau der kalten Progression im Sommer 2022 durchaus unterschiedlich reagierten (s. S. 48 ff.). Auf der einen Seite ein schimpfender Ver.di-Chef Frank Werneke, das milliardenschwere Steuersenkungspaket würde vor allem Spitzenverdienern zugutekommen, während niedrige Einkommen davon kaum etwas hätten.[22] Auf der anderen Seite Energiegewerkschaftschef Michael Vassiliadis, der sich erst einmal wohlwollend zu Lindners Plänen äußerte und weitere Steuerentlastungen in Form einer steuerfreien Zulage forderte.[23]

Und es ist kein Zufall, dass beim »Herbst der Solidarität« 2022 der DGB zwar regional hier und da mitmachte, ebenso die IG Metall, sich auf Bundesebene aber zurückhielt und von den großen Gewerkschaften lediglich Ver.di als Partner übrig blieb. Der DGB war unter seiner Vorsitzenden Yasmin Fahimi während der ganzen heißen Phase, in der es um Entlastungspakete ging, zu keiner Bündnispolitik bereit, sondern suchte seine Schäfchen in der von Scholz einberufenen konzertierten Aktion ins Trockene zu bringen – was ihm mit steuerfreiem Zuschlag und Energiepreisdeckel ja auch gelang.

Die Sozial- und Wohlfahrtsverbände

Noch weniger geschlossen als die Gewerkschaften kommen in Sachen Armutspolitik allerdings die Sozial- und Wohlfahrtsverbände daher. Ein glasklares Profil und einen völlig geradlinigen politischen Einsatz für arme Menschen zeigen die zwei großen Sozialverbände, der VdK Deutschland[24] und der Sozialverband Deutschland. Sie sind, wie auch die in Ostdeutschland tätige Volkssolidarität, fast immer bereit, sich einzubringen, wenn es darum geht, politisch Druck zu machen. Dabei scheut der VdK Deutschland auch nicht vor Verfassungsklagen zurück, wenn ihm dies geboten erscheint. Aus gleichem Holz sind der Kinderschutzbund und das Kinderhilfswerk geschnitzt, die sich politisch ganz dem kompromisslosen Einsatz für Kinderrechte und damit dem Kampf gegen Kinderarmut verschrieben haben. Eine verlässliche Bank stellen natürlich auch Fachzusammenschlüsse wie die Bundesarbeitsgemeinschaft Wohnungslosenhilfe oder die Bundesarbeitsgemeinschaft der Tafeln dar, Akteure, die es gewohnt sind, diese Gesellschaft aus der Perspektive von ganz unten zu betrachten.

Völlig anders sieht es jedoch bei den sechs sogenannten Spitzenverbänden der Freien Wohlfahrtspflege[25] aus: den kirchlichen Verbänden Caritas und Diakonie, dem Deutschen Roten Kreuz, der Arbeiterwohlfahrt, dem Paritätischen und der Zentralwohlfahrtsstelle der Juden in Deutschland. Sie haben sich zur Durchsetzung ihrer Interessen in der Bundesarbeitsgemeinschaft der Freien Wohlfahrtspflege (BAGFW) zusammengetan. Würden sie dort in Fragen der Sozialpolitik, insbesondere in der Armutspolitik, und in Fragen der Steuer- und Finanzpolitik an einem Strang ziehen, wäre diese Arbeitsgemeinschaft ein echtes politisches Schwergewicht. Immerhin stehen die Verbände zusammen für 125 000 soziale Einrichtungen mit über zwei Millionen Beschäftigen und drei Millionen freiwillig Engagierten unter ihren Dächern. Ihre Arbeit ist ganz entscheidend für den Zusammenhalt dieser Gesellschaft. In der Pandemie 2020 wurde auch dem Letzten klar: Nicht nur Großbanken, auch Pflegeheime, Kindergärten, Flüchtlingsunterkünfte oder Schuldnerberatungsstellen sind systemrelevant, soll uns dieses System nicht um die Ohren fliegen. Tatsächlich ist diese BAGFW jedoch, was armutspolitische Bündnispolitik anbelangt, ein Totalausfall und auch sonst armutspolitisch ziemlich irrelevant. Zu unterschiedlich sind die Spitzenverbände, zu wenig einig in ihrer Politik, um tatsächlich ihrem eigenen Anspruch, Anwalt der Armen zu sein, auch nur ansatzweise gerecht zu werden.

Die Wohlfahrtsverbände machen erfolgreich gemeinsame Lobbypolitik, wenn es um ihre Einrichtungen und Dienste geht. Auch das darf nicht kleingeschrieben werden. Sie sind auch immer mal wieder erfolgreich in der Politikberatung, wenn es um die vielen wichtigen Details geht, die ein gutes von einem schlechten Gesetz unterscheiden können, ein in der Praxis anwendbares von einem, das vor Ort gar nicht umsetzbar ist oder nur Chaos stiftet, sei es in der Pflege oder in der Vorschulerziehung. Dort, wo es relativ unpolitisch wird, wo es eher um das Handwerk geht, sind sie sich meist einig, dort sind sie gut. Bei brisanteren oder auch grundsätzlicheren Fragen herrscht dagegen meist Funkstille. Wie hoch soll das Existenzminimum in der Grundsicherung sein? Wie halten wir es mit dem Rentenniveau oder einer Mindestrente oder gar mit einer Bürgerrente? Wie stehen wir zur Idee der Pflegevollversicherung anstelle der gesetzlichen Pflegeteilkaskoversicherung? Wie sieht es aus mit einer solidarischen Steuerpolitik, sprich: Vermögenssteuer, Erbschaftssteuer oder mit Spitzensteuersätzen? Wie stehen wir zu einem Mietendeckel oder der Vergesellschaftung großer Immobilienkonzerne? Zu all diesen Fragen, die im ganzen Land rauf und runter diskutiert werden und die unter den Nägeln brennen, kommt nichts. Da wird auch nie etwas kommen, weil da nichts kommen kann. Zu verschieden sind die großen Sechs in ihrer Herkunft, ihrem Selbstverständnis und ihrem politischen Kalkül, wie vor allem an den armutspolitischen Unterschieden zwischen DRK, AWO, Paritätischem und Caritas deutlich wird.

Das Deutsche Rote Kreuz definiert sich ganz ausdrücklich als Teil der weltweiten Rotkreuz- und Rothalbmondbewegung, als eine internationale Hilfsorganisation, sogar völkerrechtlich anerkannt. International spielt die Musik beim Internationalen Rotkreuz-Komitee in Genf. Auch national sind dem DRK per Gesetz Aufgaben übertragen, die sich aus dem internationalen Genfer Rotkreuz-Abkommen ableiten. Die Wohlfahrtsarbeit ist damit nur eine von mehreren Facetten der weltweit agierenden Organisation. Gemäß seinen internationalen Statuten legt das DRK sehr großen Wert auf politische Überparteilichkeit und Neutralität und achtet auch bei nationalen politischen Stellungnahmen sensibel darauf, ob die selbst gesteckten Grenzen eingehalten werden. Allgemeinpolitische Forderungen zum Steuerrecht, eine pointierte Kritik an der Flüchtlingspolitik oder Ähnliches sind vom Roten Kreuz deshalb schlicht nicht zu erwarten.

Die AWO wiederum, das muss man wissen, um sie zu verstehen, ist ein Kind der SPD. Sie wurde 1919 als »Hauptausschuß für Arbeiterwohlfahrt in der SPD« aus der Taufe gehoben. Ihre Gründerin, die Frauenrechtlerin Marie Juchacz, war eine der ersten Frauen in der Weimarer Nationalversammlung. Als Sozialdemokratin nahm sie verschiedene Funktionen in der Partei ein. Zu besseren Zeiten von SPD und AWO gehörte es für jeden Bundestagsabgeordneten der SPD-Fraktion zum guten Ton, nicht nur Mitglied in einer Gewerkschaft, sondern auch in der AWO zu sein. Heute sind es gerade noch 95 der 209 Abgeordneten, die sich auf den Internetseiten des Deutschen Bundestages zu ihrem Wohlfahrtsverband bekennen. Dass die AWO sich offen und kompromisslos gegen SPD-Politik stellt, wird man kaum erleben. Es wäre, als würde die Caritas gegen die Bischofskonferenz opponieren. Kritik an Regelsätzen oder an Hartz-IV-Sanktionen bleiben meist relativ moderat. Das schließt keinesfalls aus, dass auch weitreichende sozial- oder gesundheitspolitische Forderungen aufgestellt werden, mit denen die AWO ihre Partei konfrontiert. Ganz im Gegenteil, die Arbeiterwohlfahrt hat große Verdienste, wenn es etwa um die Thematisierung der Kinderarmut in Deutschland geht. Nie wird man jedoch etwa einen SPD-Minister in der Öffentlichkeit hart attackieren oder seiner Partei Versagen vorwerfen. Das tut man nicht unter Genossen. Das muss man realistischerweise einfach auf dem Schirm haben, wenn man über Bündnisse nachdenkt.

Der Paritätische Gesamtverband gilt heute wohl ganz zu Recht als der profilierteste und kompromissloseste Wohlfahrtsverband, was sein Engagement und seinen politischen Kampf gegen die Armut angeht. Er stößt Kampagnen an und geht meist vorneweg. Er suchte schon früh Bündnispartner unter den Gewerkschaften, bei Umweltverbänden, Klimaschützern, Mieterschutzvereinen, systemkritischen Aktivisten wie Campact oder Menschenrechtsorganisationen. Und überall bringt er seine Botschaft an: Wir müssen uns um die Schwächsten kümmern. Die Klimawende wird nur funktionieren, wenn soziale Sicherheit herrscht. Ob Mietendemo oder Fridays-for-Future-Kundgebung: Der Paritätische ist dabei und bringt seinen Sound ein. Auch bei der Nennung von Ross und Reiter wird in der Regel wenig hinterm Berg gehalten.

Das war nicht immer so. Als der Paritätische 1989 seinen ersten bundesweiten Armutsbericht präsentierte, stellte er ihn unter den Titel »... wessen wir uns schämen müssen in einem reichen Land«.[26] Mit deutlichen Worten wurde die wachsende Armut in Deutschland angeprangert, wurden die Risse im System sozialer Sicherung ausgeleuchtet und Reparaturen angemahnt. Nur: Eine Kampfansage erfolgte daraus nicht. Die Frage, wer eigentlich profitiert von einem löchrigen Netz sozialer Sicherung, wem Armut nutzt und wie ein funktionierender Sozialstaat, der Armut beseitigt, finanziert werden sollte, wurde ausgespart. Stattdessen wurde an das Schamgefühl appelliert, an das Gute im Menschen. Damit war dieser Bericht, der eine enorme Resonanz erfuhr, politisch und unpolitisch zugleich, eine Anklage ohne Angeklagten.

Es brauchte erst die große Banken-, Finanz- und Wirtschaftskrise 2008/2009, milliardenschwere Rettungsprogramme für die Kreditinstitute, eine Schuldenbremse und in der Folge hammerharte Kürzungen im Sozialbereich, bevor der Paritätische begann, mit der Armuts- auch die Verteilungsfrage aufzuwerfen, sich in steuer- und finanzpolitische Fragen einzumischen und zu einem vehementen Gegner des Neoliberalismus zu werden.[27]

Das Gegenstück zum Paritätischen stellt die Caritas dar, von 2000 bis 2017 politisch fest im Griff eines Volkswirtschaftsprofessors der neoliberalen Freiburger Schule namens Georg Cremer. Als Generalsekretär lenkte er ganz wesentlich die Geschicke und das lobbyistische Tun seines katholischen Verbandes. Die breite

Zustimmung der Bevölkerung zum Ordnungssystem der sozialen Marktwirtschaft war ihm Ziel und Richtschnur zugleich und damit Ziel und Richtschnur der Caritas. Noch heute zitiert der Verband auf seiner Internetseite prominent sein Credo: »Um die Interessen der Hilfebedürftigen wirksam in die sozialpolitische Reformdebatte einzubringen, braucht er (der Caritasverband; d. V.) Konzepte, wie soziale Gerechtigkeit *unter den heutigen wirtschaftlichen, politischen und demographischen Bedingungen* gesichert werden kann. Der Verband steht vor der Aufgabe, zum Erhalt des politischen Konsenses einer sozial gestalteten Marktwirtschaft beizutragen.« (Hervorhebung durch den Verfasser.)[28] Meldungen und Berichte über eine steigende Armut in Deutschland würden die breite Mittelschicht verunsichern, so seine Überzeugung. Die Skandalisierung der Armut könne Abstiegsängste schüren, die Legitimität unseres Sozialstaates untergraben und den Blick verstellen auf politisch erreichbare Schritte.[29] Und sein Verband folgte Cremer. Er entwickelte sich geradezu zu einem armutspolitischen Gegenspieler des Paritätischen. In zahlreichen Veröffentlichungen und Interviews wurden der vermeintliche »Alarmismus« und die aus Sicht der Caritas überzogene »Skandalisierung« der Armut angeprangert, die den Leistungen des Sozialstaates nicht gerecht würden.

Dass es sich dabei keinesfalls nur um die professorale Privatmeinung des Generalsekretärs handelte, wurde klar, als auch sein Präsident, Prälat Peter Neher, 2017 auf einer Pressekonferenz der Deutschen Bischofskonferenz nicht nur in die gleiche Kerbe schlug, sondern dem Paritätischen mit seinen Armutsberichten auch gleich noch unlautere Motive, nämlich lediglich Geschäftsinteressen, unterstellte. »Es gehört zum Geschäftsmodell der Kollegen, jährlich mit Skandalisierung Themen hochzuspielen, die aber bearbeitet gehören und nicht skandalisiert«, so der Caritas-Präsident.[30]

Auch wenn Neher und sein Generalsekretär nicht mehr in ihren Ämtern sind, scheint sich an der Haltung der Caritas nichts geändert zu haben. Als im Mai 2020 zahlreiche Spitzenvertreter von Sozial- und Wohlfahrtsverbänden wegen der explodierenden Preise eine Erhöhung von Hartz IV und Altersgrundsicherung um 100 Euro forderten, suchte man eine Vertreterin der Caritas vergeblich.[31] Und als im August 2022 erneut viele Persönlichkeiten aus Verbänden und Gewerkschaften, Wissenschaft und Kultur und auch aus der evangelischen Kirche unter dem Motto »Für Solidarität und Zusammenhalt jetzt!« eine stärkere Unterstützung armer Menschen in der Krise forderten, blieb die Caritas fern. Über eine Sprecherin teilte der Verband mit, dass er die Solidarität in Deutschland nicht gefährdet sehe. Ein Solidaritätsdefizit sehe der Verband nicht.[32] Er befürchte vielmehr eine stärkere Spaltung der Gesellschaft durch »derartige Aufrufe«.[33] Nicht einen einzigen der zahlreichen Bündnisaufrufe zu Leistungserhöhungen für Menschen in der Grundsicherung hat die Caritas in den Krisenzeiten von Pandemie und Preisexplosionen mitgetragen.

Wenn somit immer von »den Wohlfahrtsverbänden« die Rede ist, ist das falsch, und wenn von Armutsbetroffenen immer wieder die Frage aufgeworfen wird, wann die Verbände denn endlich auf die Straße gehen, um die ganz große Anti-Armuts-Demo hinzulegen, kann man sie nur enttäuschen: niemals. Zumindest niemals gemeinsam. Es ist ein weitverbreiteter Irrglauben, dass ein Verband, nur weil er Hilfen für Arme organisiert, quasi automatisch auch politisch kämpferisch für sie eintreten müsste. Mit dem von allen Wohlfahrtsverbänden immer wieder und gern vorgetragenen Label, Anwalt der Armen zu sein, wird diesem Trugschluss allerdings auch sehr gern Vorschub geleistet.

Personelle Brückenköpfe

Was das politische Agieren von Organisationen und Verbänden anbelangt, darf im echten Leben eines nicht außer Acht gelassen werden: Zwischen NGOs und Politik herrscht ein reger personeller Austausch.

Rund jeder zwanzigste Abgeordnete des Deutschen Bundstages kommt aktuell von den Kirchen, Gewerkschaften oder NGOs.[34] Umgekehrt sitzen in den Vorständen von Gewerkschaften und Verbänden zahlreiche ehemalige und sogar aktive Parteifunktionäre und Mandatsträger.

Die enge Verbundenheit zwischen Gewerkschaften und SPD ist allgemein bekannt und wird auch von niemandem problematisiert. Als normal erscheint es, wenn DGB-Chef Reiner Hofmann im Sommer 2021 bei der SPD zum Auftakt der heißen Phase des Bundestagswahlkampfes eine glühende Rede für seine Genossen hält. Bei den Vorstandswahlen wird dennoch sehr darauf geachtet, dass nach Möglichkeit mindestens ein Vorstandsmitglied auch aus der Union und von den Grünen kommt.

Bei den Sozial- und Wohlfahrtsverbänden wird zwar nicht nach Parteibuch gewählt, aber dennoch findet sich auch in deren Führungsetagen reichlich Personal mit Parteihintergrund, zum Teil auch sehr prominent. Es gibt persönliche Beziehungen, Loyalitäten, Parteibiografien oder auch Ambitionen, beim einen Verband mehr, beim anderen weniger oder auch gar nicht.

Geradezu ein Markenzeichen und alles andere als überraschend ist die personelle Verflechtung mit der Politik bei der Arbeiterwohlfahrt (AWO). Angesichts der Entstehungsgeschichte der AWO möchte man sie selbstverständlich nennen. Das Bundespräsidium der AWO ist fest in der Hand langjähriger Parteifunktionäre und Mandatsträger, Ex- Bundestagsabgeordneter und Ex-Landtagsabgeordneter. Aktuell bilden Michael Groß und Kathrin Sonnenholzner die präsidiale Doppelspitze des Verbandes. Der gelernte Vermessungstechniker und Sozialarbeiter Groß saß von 2009 bis 2021 als direkt gewählter Abgeordneter im Deutschen Bundestag. Unter anderem war er dort Vorsitzender der AWO-Parlamentariergruppe. Die Medizinerin Sonnenholzner war wiederum von 2003 bis 2018 Mitglied des Bayrischen Landtages.

Vorgänger der beiden als ehrenamtlicher Vorsitzender der AWO war Wilhelm Schmidt, der Öffentlichkeit bekannter als parlamentarischer Geschäftsführer der SPD-Bundestagsfraktion zwischen 2002 und 2005; in jener Zeit, als die Hartz-Gesetze durchgezogen wurden und die Fraktionsvorsitzenden von SPD und Grünen die Mehrheiten dafür unter den Parlamentariern organisieren mussten.

Der sowohl im Bundestag als auch in der Wohlfahrt allgemein geschätzte Wilhelm Schmidt war bereits seit 1989 Mitglied im AWO-Vorstand und seit 1992 sogar stellvertretender Vorsitzender. Als er dann 2004 zum Bundesvorsitzenden gewählt wurde, war er im Hauptjob noch immer parlamentarischer Geschäftsführer der Fraktion. »Wegen der gemeinsamen Wurzeln mit der Sozialdemokratie werden wir die Arbeit der Regierung und der Koalition in Berlin solidarisch und aktiv begleiten«, verkündete er nach seiner Wahl und: Politik müsse kritisch begleitet werden.[35]

Was Schmidt darunter verstand, durfte man dann nur einige Monate später erleben. Am 2. August 2005, sechs Wochen vor der Bundestagswahl 2005, die Hartz-IV-Proteste waren gerade erst abgeflaut, verlieh die AWO Noch-Kanzler und Wahlkämpfer Gerhard Schröder eine hohe Verbandsauszeichnung, den Heinrich-Albertz-Friedenspreis. In einer überschwänglichen Laudatio lobte Schmidt den reformerischen Mut des Agenda-Kanzlers und seinen langen Atem im Kampf gegen politische Gegner und Kritiker aus den eigenen Reihen.[36]

Im Mai 2006 erregte Schmidt allgemein Aufsehen, als er in einem als »persönliche Erklärung« charakterisierten Schreiben an die Fraktionsvorsitzenden im Deutschen Bundestag Einsparungen bei den noch jungen Hartz-IV-Zuwendungen forderte, um der »besorgniserregenden Finanzentwicklung« entgegenzutreten. Mitunterzeichner waren auch der damalige Präsident der Diakonie, Jürgen Gohde, und der damalige Generalsekretär des Deutschen Roten Kreuzes, Clemens Graf von Waldburg-Zeil. Bei der Diakonie führte diese Aktion zum Rücktritt des Präsidenten, bei AWO und Rotem Kreuz geschah nichts.[37]

Wilhelm Schmidt stand bis 2021 an der ehrenamtlichen Spitze der Arbeiterwohlfahrt. Die von ihm 2004 angekündigte kritische

Auseinandersetzung mit der Regierungspolitik fiel, so die SPD in der Regierung und verantwortlich war, immer sehr moderat aus.

Dies muss man erst mal nehmen, wie es ist. Die AWO ist formal unabhängig, aber ihre Akteure mit ihren Parteibiografien sind sicher nicht unbefangen. Dass sich die Arbeiterwohlfahrt in ihrer Kritik an der Bundespolitik offen und hart gegen SPD-Minister stellt, wird immer die Ausnahme bleiben. Und das ist auch völlig okay so für einen sozialdemokratischen Verband.

Unter ehrenamtlicher Führung von SPD-Prominenz steht auch der Arbeitersamariterbund (ASB), ebenfalls ein Kind der Arbeiterbewegung und seit seiner Gründung 1909 in großer Nähe zur Sozialdemokratie. Bundesvorsitzender ist seit 2005 der Hamburger Sozialdemokrat Knut Fleckenstein. Er war nicht nur lange Jahre Geschäftsführer des Hamburger ASB, sondern von 2009 bis 2019 auch Mitglied des Europäischen Parlaments und dort mit zahlreichen Funktionen betraut. Präsidentin des ASB ist seit 2022 die bekannte SPD-Europaabgeordnete und Ex-Generalsekretärin, Ex-Familienministerin und Ex-Justizministerin Katharina Barley. Sie löste in dieser Funktion keinen Geringeren ab als Franz Müntefering. Dieser hatte das Amt seit 2013 inne und war damals der nicht minder populären Grande Dame der Partei, Annemarie Renger, gefolgt.

Auch bei anderen großen Wohlfahrtsverbänden stehen Frauen mit Parteivergangenheit an der Spitze. Präsidentin des Deutschen Roten Kreuzes (DRK) ist Gerda Hasselfeldt (CSU), als EX-Bundesbauministerin, Ex-Bundesgesundheitsministerin, Merkel-Vertraute und langjährige Vorsitzende der CSU-Landesgruppe im Deutschen Bundestag ein echtes politisches Schwergewicht. Sie löste 2017 Rudolf Seiters beim DRK ab. Der ehemalige Kanzleramtschef Helmut Kohls hatte das Rot-Kreuz-Amt da bereits 14 Jahre inne.

Hauptamtliche Präsidentin des Caritasverbandes ist seit 2021 Eva Maria Welskop-Deffaa. Sie ist zugleich Mitglied im Vorstand der Christlich-Demokratischen Arbeitnehmerschaft (CDA). Unter Familienministerin von der Leyen (CDU) war sie sechs Jahre Abteilungsleiterin für Gleichstellung und Chancengleichheit, bevor sie bei Ver.di einen der Union »vorbehaltenen« Sitz im Vorstand einnahm.

Zu denen, die ebenfalls keine Schwierigkeiten haben, ihre ehrenamtlichen Spitzenämter im Zweifelsfalle nicht nur mit ehemaligen, sondern sogar mit einer aktiven Politikerin zu besetzen, gehört auch die Volkssolidarität. Der noch aus DDR-Zeiten stammende Wohlfahrtsverband unterwarf sich nach dem Mauerfall radikaler Strukturreformen. Als eine der wenigen Massenorganisationen der DDR überlebte er damit die Wende. Heute ist er in den ostdeutschen Bundesländern einer der großen Anbieter von Dienstleitungen vom Kindergarten bis zum Pflegeheim. Präsidentin ist die thüringische Landesministerin für Infrastruktur und Landwirtschaft, Susanna Karawanskij. Von 2013 bis 2017 saß die Linkspolitikerin im Bundestag und war anschließend auch bereits in Brandenburg als Landesministerin tätig.

Parteipolitisch sehr konturiert ist auch die Biografie der Spitzen der beiden großen Sozialverbände in Deutschland, des VdK Deutschland und des Sozialverbandes Deutschland. Die Biathletin, vielfache Weltmeisterin und Paralympics-Medailliengewinnerin Verena Bentele machte sich bereits 2013 im Bayrischen Landtagswahlkampf für die SPD stark. Ein Jahr später wurde sie von Arbeitsministerin Andrea Nahles (SPD) als Behindertenbeauftragte in die Bundesregierung geholt, bevor sie 2018 Ulrike Mascher (SPD) als Präsidentin des VDK Deutschland ablöste. Letztere war ihrerseits einmal Parlamentarische Staatssekretärin unter Arbeitsminister Walter Riester.

Mit der hauptamtlichen Vorsitzenden des Sozialverbandes Deutschland, Michaela Engelmeier, teilt sich Bentele nicht nur ihre sportlichen Erfolge – Engelmeier war Mitglied der deutschen Judo-Nationalmannschaft –, sondern auch ihre Parteizugehörigkeit. Engelmeier gehörte von 2009 bis 2021 dem SPD-Bundesvorstand an und zog über die nordrhein-westfälische Landesliste 2013 für eine Legislaturperiode in den Bundestag ein.

Parteipolitische Hintergründe und sogar Karrieren von Verbands- und Gewerkschaftsspitzen müssen überhaupt nicht hinderlich sein, wenn es darum geht, Bündnisse mit NGOs zu schmieden und Allianzen zu bilden; sei es für einen Mietenstopp oder für eine Kindergrundsicherung. Doch wäre es naiv zu glauben, sie hätten gar keinen Einfluss auf die bündnispolitischen Aktivitäten von Organisationen. Kein halbwegs funktionierender Verband wird sich mit seinen Forderungen gegen seine Galionsfiguren stellen. Wer beispielsweise einen Franz Müntefering zum Präsidenten hat, wird seine Kritik an Hartz IV oder der Rente mit 67 ganz selbstverständlich, wenn überhaupt, eher moderat formulieren.

Und selbstverständlich gibt es Beißhemmungen, wenn ausgerechnet ein guter Parteifreund politisch angezählt werden soll. Und die Beißhemmungen werden umso größer, je stärker die Loyalität zur Partei oder die Erwartung sehr ungemütlicher Reaktionen der alten Parteifreunde ist. Umgekehrt sinken bei Parteien und Fraktionen die Hemmungen, einmal zum Hörer zu greifen und sich über die eine oder andere kritische Verlautbarung zu beschweren, wenn am anderen Ende der Leitung der gute Parteifreund oder die gute Parteifreundin sitzt: »War das denn wieder nötig?«, »Könnt ihr nicht mal ein bisschen leiser?«

Echte Parteisoldaten und machtbewusste Politiker neigen zudem nicht selten dazu, permanent Beute machen zu wollen. Sind sie in ein Spitzenamt einer NGO gelangt, betrachten sie und ihre Parteifreunde das dann als Eroberung. Für mich persönlich war es eine einschneidende Erfahrung, als im Paritätischen eine bekannte SPD-Politikerin an die Spitze gewählt wurde: Kurz nach ihrer Wahl traf sie sich zu einem Austausch mit Bundestagsabgeordneten ihrer Partei und begrüßte mit den Worten: »Jetzt haben wir schon drei Wohlfahrtsverbände ...« Diese Haltung legte sich dann zum Glück sehr schnell und die Genossin wurde eine wundervolle und nur dem Verband verpflichtete Vorsitzende. Aber klar wurde mir damals auch: Man darf NGOs nicht allein Parteisoldaten überlassen, und wenn man sie hat, müssen sie schnellstens ins Abklingbecken.

Drollig fand ich es auch, zu Wahlkampfzeiten plötzlich Einladungen der SPD zu bekommen, die an »Vorfeldorganisationen« der Partei gerichtet waren. Mir war dieser Begriff bis dahin völlig fremd. Ich empfand ihn für einen parteipolitisch unabhängigen Verband als eher übergriffig. Was ich lernte: Zu den Vorfeldorganisationen der SPD zählte man offensichtlich bereits dann, wenn in der Spitze ein Genosse oder eine Genossin zu finden war.

Nun ist es nicht so, dass Parteibücher verbandliches Handeln bestimmen. Und die Parteimitgliedschaft eines oder einer Vorsitzenden macht aus dem Verband noch lange keine Vorfeldorganisation. Denn dazu muss der gesamte Verband mit all seinen Führungsgremien, zumindest aber die gesamte Führungsriege, mitziehen. Aber niemand legt mit dem Eintritt in ein Amt seine parteipolitische Biografie, sofern er sie hat, ab. Die sozialen Netzwerke bleiben genauso wie Loyalitäten und Überzeugungen.

Schauen wird also mit etwas Abstand und dafür etwas genauer auf das Gewusel von Gewerkschaften und Sozialorganisationen, die für breite Bündnisse gegen Armut und für eine solidarische Politik in Frage kommen. Es wird schnell verständlich: Wenn es tatsächlich einmal zu großen übergreifenden Bündnissen von Gewerkschaften und Verbänden kommt, die auch wirklich Menschen auf die Straße bringen, wie »Umfairteilen« im Jahr 2012, »Stopp TTIP« 2014 oder »Unteilbar« 2018, so ist das angesichts des Knäuels an unterschiedlichen Interessen und Verfasstheiten, offenen und eher hintergründigen Politiken und Abhängigkeiten eher die glückliche Ausnahme als die Regel. Und so wird es voraussichtlich auch erst einmal bleiben.

Ein kleiner Exkurs: Die Bäh-Partei

Nun will ich gar nicht unerwähnt lassen, dass ich als Hauptgeschäftsführer des Paritätischen selbst einige Jahre Parteigänger war. 2016 trat ich der Linken bei. Ich sah darin ein Bekenntnis zur parlamentarischen Demokratie und zur Parteiendemokratie, die wir nun einmal sind. Und ich sah mich in der Linken in Sachen gerechter Steuer- und Sozialpolitik gut aufgehoben. Im September 2022, nach der aus meiner Sicht ganz und gar fürchterlichen Rede von Sahra Wagenknecht im Deutschen Bundestag zu Energiepreiskrise und Ukrainekrieg, trat ich wieder aus. Weniger wegen Sahra Wagenknecht, deren Ton mir bereits vorher als ätzend, diffamierend und diskreditierend bekannt war, genauso wie ihre Täter-Opfer-Umkehr, wenn es um Putin ging. Es war vielmehr der Umstand, dass der Fraktionsvorstand einer Partei, der ich angehörte, dieser Frau dazu ganz bewusst die Bühne im Deutschen Bundestag bot und sie reden ließ, wohlwissend, was da kommen musste.[38]

Nun war ich nur einfaches Parteimitglied, Beitragszahler ohne irgendwelche Ämter oder Funktionen, niemandem etwas schuldig und damit völlig unabhängig. Aber ausgerechnet meine Parteizugehörigkeit erhitzte bei meinem Eintritt in die Linke die Gemüter. Eine öffentliche Diskussion entflammte. Darf der das? Als Hauptgeschäftsführer der Parität einfach in eine Partei eintreten? Ist der Paritätische damit überhaupt noch parteipolitisch unabhängig? Stein des Anstoßes war ein Grußwort, das ich für meinen Verband kurz nach meinem Parteieintritt auf dem Bundesparteitag der Linken in Magdeburg gehalten hatte. Ich lobte die Linke als eine Partei, die ohne Zweifel für eine Politik des gerechten Ausgleichs stehe und für Umverteilung. Und wenn dies so sei, habe sie den Paritätischen auf ihrer Seite. Nichts Besonderes eigentlich. Wenn es geht, lobt man als Lobbyist Parteien in Grußworten für das, was den eigenen Verbandsbeschlüssen entspricht, und bietet sich für die Umsetzung als Partner an. Zu dem, was nicht passt, schweigt man. Das ist ähnlich wie bei Trauer oder Geburtstagsreden. Fast das Gleiche hatte ich einige Wochen zuvor auch schon in Nordrhein-Westfalen den Grünen auf ihrem Parteitag zugerufen und wurde mit stehenden Ovationen bedacht. Nur hat das irgendwie keinen interessiert. Bei den Grünen durfte man das. Bei den Grünen hätte ich wahrscheinlich auch ohne Aufschrei Mitglied werden können. Genauso wie bei SPD oder CDU. Dort war ja bereits der Großteil der Verbandsfunktionäre, nicht so jedoch bei den Linken. Und so wurde nach Magdeburg aus einem Grußwort schnell eine Diskussion um meine Mitgliedschaft in dieser Partei schlechthin. Die damalige Generalsekretärin der SPD, Katarina Barley, meldete sich ebenso zu Wort wie ihr Parteifreund Karl Lauterbach, der bei mir ab sofort einen Glaubwürdigkeitsverlust glaubte diagnostizieren zu müssen.[39] Armin Laschet, damals noch CDU-Vize, warf mir vor, mich in den Dienst von »Linkspopulisten« zu stellen und die »wertvolle Arbeit Tausender Ehrenamtler« zu gefährden. Die *Frankfurter Allgemeine Sonntagszeitung* nahm ebenfalls den ganzen Verband in Haft: Der Paritätische verstehe sich nunmehr ganz offen als »sozialpolitische Kampftruppe der Partei von Sahra Wagenknecht, Gregor Gysi, Bernd Riexinger und Katja Kipping«.[40] Man darf getrost davon ausgehen, dass bei einem Eintritt meiner Person in die SPD auch nicht annähernd Vergleichbares vorgetragen worden wäre. Als Spitzenvertreter eines Spitzenverbandes hatte man kein Sozialist, sondern bestenfalls Sozialdemokrat zu sein. Die Heftigkeit so mancher Reaktion ließ mir deutlich werden: Mit meinem Eintritt in die Linke hatte ich, der ich ja nun unzweifelhaft zum korporatistischen Establishment gehörte, ein Tabu verletzt. Die Linke war die Bäh-Partei, die Schmuddel-Partei, mit der man nicht spielte.

Auch innerhalb meines Verbandes wurden Stimmen laut, die den Paritätischen und mich durch meinen Parteieintritt bereits in die politische und mediale Bedeutungslosigkeit abstürzen sahen. Es waren vor allem SPD-Gefolgsleute, die so etwas kolportierten, und mir kam das dann doch eher wie die Reaktion einer verschmähten Liebe vor.

Die eigentümlichste und widersprüchlichste Erfahrung nach meinem Parteieintritt war jedoch, dass man plötzlich ganz anders angenommen wurde in der politischen Blase Berlins. Auf den Empfängen und Partys rückte man näher. Ich wurde nach meinen politischen Absichten gefragt, meinen Plänen. Und wenn ich ehrlich antwortete, dass ich keine weiteren Absichten verfolgte, weder ein Parteiamt noch ein Bundestagsmandat anstrebte, wurde vieldeutig gelächelt: Du kannst uns viel erzählen. Der Abstand wurde kleiner. Man war zwar in der falschen Partei, aber besser in einer falschen als in gar keiner. Man gehörte nun irgendwie dazu, war voll im Spiel. Deutschland ist noch mehr Parteiendemokratie, als ich bis dahin vermutet hatte.

Die Scheinriesen

Seit dem Aufkommen von Facebook, Twitter – heute X – und Co. hat sich vieles, was unter Bündnispolitik läuft, ins Netz verlagert. Der große Vorteil: Fast alle können mitmachen. Jeder kann sich mit jedem vernetzen, seine Meinung raushauen und Gleichgesinnte um öffentliche Zustimmung, sprich: Likes oder Retweets, bitten. Das Problem nur: Twitter/X ist eine Welt für sich und nur ein kleinerer Teil unserer Realität. Mit vielen Fake Accounts und vielen Social Bots. Und die Plattform ist der ideale Aufenthaltsort für Sofa-Revolutionäre. Immer am virtuellen Ball, aber wehe, man soll mal einen Fuß vor die Türe setzen. Für die, die im Netz eine reale Bewegung oder wenigstens ein Bündnis suchen, ist Twitter/X voll von Scheinriesen, die auf Normalmaß schrumpfen oder sogar darunter, sobald sie dem Leben außerhalb des Netzes zu nahe kommen. Als eine der ersten durfte Sahra Wagenknecht diese Erfahrung machen. Sie verwechselte ihre große Zahl von Followern offenbar tatsächlich mit Gefolgsleuten und vergaß all die Schaulustigen und Behäbigen in ihrer Blase. Monatelang bewarb sie ihre Sammelbewegung #Aufstehen, mit der sie es ihrem französischen Vorbild Jean-Luc Mélenchon im französischen Präsidentschaftswahlkampf 2017 gleichtun wollte. Im September 2018 stellte sie in der Bundespressekonferenz ihre neue Bewegung vor. Stolz verkündet sie, dass sich auf ihrer Internetseite, die erst seit einem Monat im Netz sei, bereits über 100 000 Interessenten eingetragen hätten. Im Dezember wurden 167 000 Interessierte, aber immerhin 188 Ortsgruppen bekannt gegeben.[41] Dann der Schock, als Wagenknecht im

Februar 2019 ihre vermeintlich große Anhängerschaft unter dem Label »Bunte Weste« zu Straßendemos in 14 Städten aufrief, das Motto »Wir sind Viele. Wir sind vielfältig. Wir haben die Schnauze voll!«: Gerade einmal 2 000 Getreue, die ihr bundesweit auf die Straßen folgten. In Berlin waren es 500, in Mainz waren es 3.[42] Kurz darauf zog sich Wagenknecht unter Hinweis auf gesundheitliche Probleme erst einmal zurück, um sich später der Gründung ihrer neuen Partei zuzuwenden.

Die Zustimmung, die man in den sogenannten sozialen Netzwerken erfährt, ist durchaus real, aber eben im Netz. Man sollte sich dabei vor Augen halten: X nutzen 12 Prozent aller über 14-Jährigen in Deutschland. Das ist wenig und viel zugleich.[43] X verstärkt positiven wie negativen Response und verschafft damit Eindrücke und Dynamiken, die letztlich vor allem das Resultat der Algorithmen eines Elon Musk sind. Auch das sollte man nicht vergessen. Wer, wie Wagenknecht, auf X erfolgreich ist und viele Follower anzieht, kann im echten Leben trotzdem untergehen. Das musste auch die auf damals noch Twitter so erfolgreiche und wichtige Netzwerkbewegung #IchBinArmutsbetroffen (s. S. 113 ff.) erfahren. Als dieses Hashtag im Mai 2022 zum ersten Mal auftauchte, in einem wütenden Tweet einer Armutsbetroffenen, schlug es tatsächlich Wellen. Viele Arme schlossen sich an und outeten sich ebenfalls, verliehen ihrem Frust und ihrer Wut Ausdruck und prangerten eine Politik und ein System an, die sie arm machten. Allein bis Mitte Juni wurden über 100 000 Tweets unter dem Hashtag abgesetzt. Und die Wellen sollten weit über Twitter hinaus in die etablierten Medien hineinschwappen. Von »überwältigender Resonanz« sprach das ZDF. Der Begriff »Bewegung« tauchte immer häufiger auf, sobald von #IchBinArmutsbetroffen die Rede war. Und das Outing hinter #IchBinArmutsbetroffen zeigte tatsächlich Wirkung. Journalisten setzten sich mit den Schicksalen hinter der Armut auseinander. Die Berichterstattung über die Armut in Deutschland bekam einen neuen, einen einfühlsameren und verstehenderen Sound. Betroffene aus dem Netzwerk wurden auf Kongresse eingeladen. Man sprach nicht über Armutsbetroffene, man sprach mit ihnen, und das nicht mehr nur bei einschlägigen Foren wir der Nationalen Armutskonferenz oder den Armutskongressen des Paritätischen. #IchBinArmutsbetroffen war ganz offenbar auf der Erfolgsspur.

Nach kleineren lokalen Kundgebungen im Sommer 2022, mit denen #IchBinArmutsbetroffen aus dem Netz heraustrat und auf die Straßen ging, sollte dann im Oktober die erste größere öffentliche Protestaktion stattfinden. Vor dem Kanzleramt wollte man Arbeitsminister Hubertus Heil eine Petition mit 65 000 Unterschriften überreichen, ein dezidierter und sehr fachkundiger Katalog von mehr und besseren Hilfen für die Armen. Doch der Arbeitsminister ließ sich ebenso wenig blicken wie irgendein anderes Regierungsmitglied. Von der Berliner Politprominenz war nur die Vorsitzende der Linkspartei, Janine Wissler, zu entdecken, die sich unter die Betroffenen mischte, zuhörte und Mut machte. Es waren beeindruckende Reden zu hören, in denen Menschen über ihren Alltag in der Armut, ihr Schicksal, ihre Träume und ihre politischen Anliegen berichteten. Es war für mich die eindringlichste, lehrreichste und stärkste Kundgebung, die ich je besucht hatte. Nur: Gerade einmal rund 200 Menschen waren dem Aufruf gefolgt. Die große Zahl der anwesenden Journalistinnen und Journalisten wirkte irgendwie wie ein Missverhältnis und ließ die Kundgebung noch kleiner aussehen an diesem leeren Ort vor dem Kanzleramt.

Unterstützt hatte das Ganze logistisch die erst 2020 in Holland gegründete OneWorryLessFoundation. Sie ist entstanden aus der seit 2018 ebenfalls vor allem über Twitter agierenden Initiative EineSorgeWeniger, eine Art Netzwerktafel, die auch politisch agiert. Die Aktivisten sammeln Geld oder vermitteln Sachspenden an arme Menschen. Mit ihren rund 20 000 Followern ist die Stiftung auch heute auf X durchaus reichweitenstärker als manch großer Bundesverband, der sich auf diesem Terrain aufhält, so etwa die Arbeiterwohlfahrt AWO (18 000 Follower), die Diakonie (11 000) oder der Sozialverband Deutschlands (7 000). Aber es fehlt der Unterbau für eine echte Bewegung.

Wie wichtig dieser Unterbau ist, musste auch ein anderer digital sehr erfolgreich gestarteter Newcomer erleben. »Genug ist Genug« ging am 2. September 2022 ins Netz und hatte innerhalb von nur 10 Tagen 20 000 Follower auf Instagram, 10 000 auf Twitter und 5 000 auf TikTok. Man wähnte sich erfolgreich. Gegründet wurde die Initiative von Ines Schwerdtner, der Chefredakteurin der deutschsprachigen Ausgabe des *Jacobin*, eines aus den USA stammenden sozialistischen Magazins. Schwerdtner zeigte sich inspiriert von der Enough-is-enough-Bewegung in Großbritannien, das 2022 eine der größten Streikwellen in der Geschichte Englands erlebte. Enough is enough setzte sich auf diese Welle und versuchte, aus den Gewerkschaftsprotesten soziale Massenproteste werden zu lassen. So etwas schwebte auch Genug ist Genug vor. Von dem schnellen Zulauf im Internet ermutigt, wurden örtliche Gruppen, Versammlungen und Aktionen, sogenannte Rallyes, in ganz Deutschland ins Auge gefasst. Ziel war ein großes, umfassendes Bündnis zur Unterstützung von Arbeitskämpfen und für breite staatliche Sozialtransfers, um die Preiskrise für Normalverdiener und Einkommensschwache abzufedern. 400 Teilnehmende hatte ein erstes digitales Treffen Ende September. Mitte Oktober fand ein erstes Präsenztreffen in einem Berliner Kulturzentrum statt. Erneut erschienen einige Hundert Menschen. Konkrete Forderungen an die Politik, wie ein Wintergeld oder ein Gaspreisdeckel, wurden formuliert. Einige Hundert Teilnehmende kamen zu einigen weiteren regionalen Saalkundgebungen. Über diesen Level kam die Bewegung, die in den sozialen Netzwerken so vielversprechend gestartet war und von Ver.di und der GEW Berlin unterstützt wurde, am Ende nicht hinaus. Auch im Internet verzeichnete sie kein Wachstum mehr. Auf Twitter/X waren es zum Sommer 2023 gerade einmal 1 000 Follower mehr als nach dem Senkrechtstart ein Jahr zuvor. Die Initiatoren gaben noch ein einschlägiges Buch im Jacobin-Verlag heraus und teilten ansonsten mit, sich zu einer Denkpause zurückzuziehen.[44]

Von solchen Scheinriesen gibt es reichlich im Netz, aber auch außerhalb. Denn nicht jede große Organisation ist zugleich auch kampagnenfähig, weiß, wie Kampagnen funktionieren, und schafft es, ihre Mitglieder zu mobilisieren. Letzteres ist aber nun einmal Voraussetzung für eine Bewegung.

Die Öko-Verbände mit ihrer Anti-AKW-Tradition sind klar besser aufgestellt als die Armutslobby, wenn es darum geht, ihre Mitglieder in Bewegung zu setzen. Wohlfahrts- und Sozialverbände fallen dagegen deutlich ab. Wo sie mit zu Demos aufrufen – wenn sie es überhaupt tun –, heißt das noch nicht, dass dann auch tatsächlich jemand kommt. In der Vergangenheit sah man bei bundesweiten Demos neben dem Paritätischen gelegentlich die Volkssolidarität, den Kinderschutzbund, die Arbeiterwohlfahrt, den Sozialverband VdK und den Sozialverband Deutschland: Das war es dann in der Regel aber auch schon. Erzieherinnen, Pflegekräfte oder Sozialarbeiter und Sozialarbeiterinnen sind nicht per se Aktivisten oder leidenschaftliche und geübte Demogänger. In dieser Not flüchtete sich die Diakonie 2019 anlässlich einer Großdemo zur Europapolitik, zu der der evangelische Wohlfahrtsverband mit aufgerufen hatte, sogar in die Arme einer Werbeagentur, um präsent zu sein. Diese entwickelte nicht nur den sehr professionellen Demo-Auftritt, sondern lieferte mit ihren Angestellten auch gleich noch die dazugehörigen Demonstranten mit.[45]

Anders als bei Gewerkschaften, Umweltverbänden oder Mietervereinigungen sieht man die Bundesvorsitzenden oder Präsidenten von Wohlfahrtsverbänden auf Demos eigentlich so gut wie nie hinter dem Frontbanner.

Nach wie vor gilt daher die Regel: Wer Protest für Soziales oder für Umverteilung auf die Straße bringen will, braucht mindestens eine große mobilisierende Gewerkschaft in seinen Reihen. Sonst ist das Risiko eines Flops zu hoch. Dass eine Bewegung scheinbar aus dem Nichts entsteht und Hunderttausende Menschen mitzieht, mag bei den Anti-AKW Protesten und den Protesten gegen die Stationierung von Mittelstreckenraketen auf deutschem Boden in den 1970er- und 1980er-Jahren funktioniert haben. Aktuell funktioniert es auch beim Klimathema, vor allem durch das Wirken von Fridays for Future, und nicht zuletzt beim ungeheuer beeindruckenden Widerstand gegen rechts und insbesondere gegen die AfD. Damit kann und darf jedoch beim Einwerben von Solidarität mit den Schwächsten nicht gerechnet werden. Hier gilt: Wenn man schon keine Gewerkschaft für seinen Protest gewinnen kann, muss zumindest Campact her. Der politisch links ausgerichtete Verein ist spezialisiert auf Online-Kampagnen und darf für sich in Anspruch nehmen, in Deutschland der erfolgreichste seiner Art zu sein. Mit seinen Mailverteilern erreicht er über 2,5 Millionen Menschen, was seinen politischen Appellen, Unterschriftenaktionen und Netzkampagnen außerordentliche Schlagkraft verleiht. Campact ist gut und erfahren im Netzwerken und in Armutsfragen sehr engagiert. Und Campact hat auch schon mehr als einmal bewiesen, dass sie auch Demos und Kundgebungen beherrschen. Als nur zwei Wochen nach dem Terrorangriff der Hamas am 7. Oktober 2023 über 20 000 Menschen zu einer Großkundgebung am Brandenburg Tor erschienen, um sich solidarisch mit Israel zu zeigen und aller Opfer dieser kriegerischen Auseinandersetzung zu gedenken, war das im Wesentlichen das Werk von Campact. Es war eine logistische Meisterleistung. Doch weiß Campact auch sehr gut: Auf der Straße gelten andere Regeln als im Netz. Misserfolge werden dort viel offensichtlicher als im Netzgewusel. Es gibt auch keine wirkliche Möglichkeit, erst einmal zuverlässig anzutesten, wie viele man wohl mit welchem Thema auf die Straße bekommt, bevor man aufruft.

Blicken wir also auf all die echten und die Scheinriesen, mit denen man es in der Armutslobby zu tun hat, und schaut man sich Gewerkschaften, Verbände und Initiativen etwas genauer an, versteht man, dass schlagkräftige Kooperationen eher die Ausnahme als die Regel sind, auch wenn man beständig in Kontakt ist und eigentlich immer von irgendjemandem sondiert wird, was gerade bündnispolitisch gehen könnte. Aber es müssen schon einige günstige Umstände zusammenkommen, damit mehr geht als ein gelegentlicher offener Brief oder ein digitales Hashtag.

»Arme haben keine Lobby« ...

... ist in der Szene fast schon ein geflügeltes Wort. Und wenn man sich anschaut, wie die Armen in der Pandemie und bei der anziehenden Inflation 2022 und 2023 hängen gelassen wurden, könnte man das glauben. Doch es täuscht. Es ist nicht so, dass es so gar keine Lobby, gar keine Menschen und Organisationen gäbe, die sich für die Armen in diesem Land einsetzen. Nur ist diese Lobby unfassbar schwach. Das hat verschiedene Gründe. Manche sind struktureller Natur, manche aber auch selbst verschuldet.

Lobby auf Kuschelkurs

Vor Ort, in den Städten und auf dem Land, gibt es durchaus eine Armutslobby. Und die kann, regional unterschiedlich, auch durchaus Erfolge aufweisen. Es sind Vereine, Initiativen, Stiftungen und nicht zuletzt die regionalen Untergliederungen der großen Wohlfahrtsverbände, die sich für ganz handfeste, bessere Hilfsangebote an die Armen stark machen und dabei durchaus etwas bewirken. Es ist eine Armutslobby, die auf konkrete soziale Probleme vor Ort aufmerksam macht, eigene Lösungsansätze entwickelt und politisches Handeln einfordert. Meist geht es um zeitlich befristete Hilfsprogramme oder den Ausbau von Beratungsstellen, Bürgerzentren, Jugendclubs und Ähnlichem, im Grunde das ganze armutsrelevante Angebot sozialer Arbeit. Es geht um das, was man örtlich halt machen kann und was auch dringend nötig ist. Meist geht es um Schadensbegrenzung, darum, die Folgen der Einkommensarmut irgendwie einzudämmen. Durch Tafeln und Sozialkaufhäuser, durch bessere Obdachlosenunterkünfte oder familienpädagogische Hilfen. Häufig geht es auch darum, mit besseren Bildungsangeboten zu verhindern, dass sich die Armut der Eltern »vererbt«. Der Spielraum auf kommunaler Ebene ist begrenzt. Doch nutzen die Verbände diesen politischen Spielraum durchaus gut.

Soll das große Rad gedreht werden, mit steuerpolitischen oder sozialpolitischen Reformen, ist jedoch die Bundesebene gefragt. Und hier oben zeichnet sich die Armutslobby in großen Teilen durch Angst vor der eigenen Courage aus. Sie setzt sich nicht etwa für eine Beseitigung der Armut ein, was eigentlich naheliegend wäre. Sie setzt sich für deren »Bekämpfung« ein, wie es so schön heißt; ganz so, als habe man es nicht mit Menschenwerk, sondern mit einem Dämon oder einem Naturphänomen zu tun. Das ist keine Wortklauberei. In Begriffen spiegeln sich Denken und Haltung wider. Der Begriff der Armutsbekämpfung kalkuliert die Niederlage bereits ein. Der neoliberale Blick auf die Armut als ein fester und nie abzuschaffender Bestandteil unseres Wirtschaftssystems findet sich in dieser Wortwahl. Als der Paritätische 2021 erstmals einen Armutskongress unter den Titel »Armut? Abschaffen!« stellte, wussten wir schon im Vorfeld, dass wir damit provozieren und auch die Armutslobby selbst herausfordern würden. Wir wollten das. Wir wollten Klarheit. Und der Widerspruch kam prompt: Ob wir den Mund nicht zu voll nähmen, ob Armut überhaupt zu beseitigen sei, ob man nicht als Fantast abgestempelt würde und mit einer solchen Forderung den wichtigen Dialog mit Politik und Verwaltung erschwere.

Ein hohes Maß an Harmoniebedürftigkeit und ein starker Wille zum Konsens, für den viele Kompromisse gemacht werden, durchziehen die Armutslobby, sogar um den Preis der Relativierung der eigenen Ziele, was dann meist als professionell, realpolitisch oder sonst wie positiv gewertet wird. Der unbestreitbare subjektive Vorteil einer solchen Haltung: Man kassiert in dieser politischen Anspruchslosigkeit so gut wie nie eine Niederlage und bleibt mit allen gut Freund.

Man kann sich mit diesem armutspolitischen Kuschelkurs selbst dann noch auf der lobbyistischen Erfolgsspur sehen, wenn um einen herum die Zahl der Armen von Jahr zu Jahr steigt und die Armen immer ärmer werden. Im Zweifelsfall werden entsprechende statistische Befunde auch einfach mal geleugnet oder als ungerechtfertigte und mutwillige Skandalisierung verunglimpft, so der sich ansonsten gern als Anwalt der Armen ins Licht setzende Caritasverband 2015[1] (s. S. 56 ff.). Man dürfe den Sozialstaat nicht schlechtreden. Deutschland sei gerechter, als wir meinen.[2] Es ist zumindest ein etwas eigentümliches Verständnis von Anwaltschaft.

Rituale und Verschleiß

Anders als vor Ort ist es auf Bundesebene in der Regel nicht die Verbändelobby, die die armutspolitischen Themen platziert, sondern vor allem die Bundesregierung selbst. Sie entwickelt Programmideen und Gesetzesentwürfe, an denen sich die verbandliche Armutslobby dann akribisch abarbeiten darf. Erst einmal abzuwarten, bis ein Gesetzestext vorliegt, bevor man sich äußert, wird von vielen Verbandsfunktionären kurioserweise für sehr effizient gehalten, auch wenn damit jede Chance vertan wird, bereits im Vorfeld Einfluss auf Gesetzesentwürfe zu nehmen. Wenn die Wohlfahrtsverbände sich äußern, sind Richtung und Tenor eines Gesetzes meist längst festgelegt. Da lässt sich dann in der Regel nichts mehr ändern. Dass man gemeinsam proaktiv mit seinen Forderungen vorprescht, sich in Bündnissen stark macht, etwa für eine Pflegevollversicherung, eine Kindergrundsicherung oder höhere Regelsätze in Hartz IV, ist die Ausnahme, nicht der Regelfall im sozial- und fachpolitischen Maschinenraum der Verbände.

Dazu passt, dass die Verbändeanhörungen in den Ministerien und im Bundestag einen eher rituellen Charakter haben. Es geht Regierungsfraktionen und Opposition in erster Linie darum, genehme Meinungen ins Protokoll zu bekommen und mit etwas

Glück auch Öffentlichkeit für den eigenen fachlichen oder politischen Standpunkt zu erzeugen. Dies ist auch das Kriterium, nach dem Sachverständige und Verbandsvertreter und -vertreterinnen für die Anhörungen ausgesucht werden. Dabei gilt es bei den Verbänden vielfach bereits als lobbyistischer Erfolg, überhaupt eingeladen worden zu sein.

Die Anhörungen muten gelegentlich wie eine nur noch rituell geübte Praxis aus längst vergangenen korporatistischen Zeiten der Bonner Republik an, als man noch auf Augenhöhe agierte. Im Rückblick wurden die Anhörungen am Rhein tatsächlich insofern ernster genommen, als man trotz aller parteipolitischen Spielchen am fachkundigen Rat der Experten tatsächlich interessiert war. Für die Abgabe von Stellungnahmen hatten die Verbände genügend Zeit, sodass man sich gründlich mit dem Paragraphenwerk auseinandersetzen konnte. Das Spektrum der einbezogenen Meinungen war breit. Im Vergleich zu heute ging es sorgfältig und sehr respektvoll zu.

Gekippt hatte dieses eingespielte System auf dem Feld der Arbeitsmarkt- und Sozialpolitik übrigens kein Geringerer als Gerhard Schröder, als er als Kanzler seine Agendapolitik und die Hartz-Gesetze durchs Parlament peitschen musste. Für alle überraschend wurde plötzlich nur noch ein kleinerer ausgewählter Kreis von Verbänden gehört, was damals zu erheblichen Irritationen führte. Die Fristen zur Abgabe der pflichtgemäß erbetenen Stellungnahmen wurden so weit verkürzt, dass die unterschwellige Botschaft ziemlich unverhohlen rüberkam: »Schreibt oder lasst es. Wir ziehen das sowieso durch.« Mittlerweile nimmt dieses Spiel geradezu absurde Formen an, wenn zwischen der Zustellung eines Gesetzesentwurfes und der Frist zur Abgabe einer Stellungnahme auch schon mal nur zwei Tage oder ein verlängertes Wochenende liegen. Man beschwert sich über diese Farce, schreibt aber dennoch und ist am Ende stolz, es mal wieder geschafft zu haben.

So verschleißt sich eine mögliche Lobby gegen die Armut im inkrementalistischen Klein-Klein, während im Großen und Ganzen alles beim Alten bleibt und die Armut wächst. So wurde mit viel Tamtam unter fachkundiger Kommentierung von Wohlfahrts- und Sozialverbänden ein sogenanntes Bürgergeld verabschiedet, das angeblich Hartz IV überwinden sollte, von vornherein jedoch nichts als Stückwerk vorsah und die allermeisten Bezieher von Hartz IV sowieso in ihrer Armut belassen sollte (s. S. 115 ff.).

Das Gleiche bei der Kindergrundsicherung: Früh war allen Beobachtern völlig klar, dass Finanzminister Christian Lindner sich in der Koalition gegen seine Gegenspielerin, Familienministerin Lisa Paus, durchsetzen würde und die neue Leistung nichts kosten dürfe. Noch bevor der Gesetzesentwurf für dieses aus grüner Sicht zentrale sozialpolitische Reformvorhaben überhaupt ins Kabinett gelangte, war offensichtlich, dass damit kein einziges Kind aus der Armut geholt wird. Der Finanzminister ließ keinen Zweifel daran. Es werde keine generellen Leistungserhöhungen für arme Kinder geben. Das durfte er bereits Ende August 2023 in einer gemeinsamen Pressekonferenz von Familienministerin Lisa Paus und Arbeitsminister Hubertus Heil unwidersprochen verkünden.[3] Damit war eigentlich alles gesagt. Und doch durften sich Heerscharen von Verbandsreferentinnen und Professoren daran abarbeiten, schrieben umfangreiche und detaillierte Stellungnahmen ohne wirklichen Einfluss und die Aussicht, dass sich dadurch irgendetwas substanziell ändern könnte, und ohne die geringste Chance, dass man die Kinder erwerbsloser Eltern vielleicht doch noch aus der Armut herausholen könnte. Hinzu kam der sachlich gut begründete Verriss des Paus'schen Rerformwerks seitens der Kommunen und der Arbeitsverwaltung, die eindringlich vor noch mehr statt weniger Bürokratie warnten und sich fragten, was das Ganze solle.

Der Ausgang stand mehr oder weniger fest, zumal ja auch noch der Bundesrat ein Wörtchen mitzureden hatte: Die Kinderarmut wird bleiben. Und so ging es in dem ganzen Prozedere auch unter den Lobbyisten eigentlich nur noch um Taktik. Wo ein Aufschrei hingehört hätte, wo man aus den Ritualen hätte ausbrechen müssen, wurde stattdessen die Frage diskutiert, zu welchem Zeitpunkt man das Projekt Kindergrundsicherung als gescheitert bezeichnen dürfe, ohne der Familienministerin zu schaden. Sie hatte ja wirklich wie eine Löwin für ihre Sache gekämpft, hatte als einzige grüne Ministerin Lindner wirklich mal in seine Schranken zu verweisen versucht, als sie in diesem Kampf sogar sein sogenanntes Wachstumschancengesetz blockierte. Sie war die Gute und die Bösewichte waren Lindner und, hinter vorgehaltener Hand, auch Olaf Scholz. Über die Fortentwicklung der Kindergrundsicherung werde ohnehin erst nach der Bundestagswahl 2025 entschieden, hieß es bei grünen Abgeordneten. Wie also die Fehler und Schwächen von Paus runterkochen und den Schwarzen Peter eindeutig und fraglos Lindner zuschieben? Das war die Frage, die die Lobby bewegte.

Die vergessene Steuerpolitik

Die Kindergrundsicherung ist im Grunde eines der wenigen positiven Beispiele, in denen die Armutslobby nicht abgewartet, sondern bereits frühzeitig ein eigenes Thema und ein eigenes Konzept platziert hat. Schon 2009 hatte sich ein Verbändebündnis als echte Institution, das Bündnis Kindergrundsicherung, gegründet und seitdem beharrlich Lobbyarbeit betrieben. Der Gedanke eines Kindergeldes, das nicht mehr mit der Gießkanne, sondern einkommens- und bedarfsabhängig gezahlt wird und Familien zuverlässig vor dem Gang zum Sozialamt oder Jobcenter schützt, wanderte in die Programme von Grünen und SPD, fand seinen Niederschlag im Koalitionsvertrag und schließlich in einem Gesetzestext.

Dass es am Ende doch nichts wurde und die Kindergrundsicherung ein ähnliches Schicksal erlitt wie das genauso hübsch klingende Bürgergeld, hängt auch mit zwei immer wieder zu erlebenden Schwächen der Armutslobby selbst zusammen: 20 Verbände und Gewerkschaften hatten sich zu dem Bündnis Kindergrundsicherung zusammengeschlossen.[4] Das klingt nicht schlecht. Aber:

Unter den 20 Unterstützerverbänden und Gewerkschaften finden sich nicht einmal alle Spitzenverbände der freien Wohlfahrtspflege. Caritas und Rotes Kreuz sucht man – wie fast immer – vergebens (s. S. 52 ff.). Von den Gewerkschaften findet sich gerade einmal die GEW, doch keine einzige große Gewerkschaft, geschweige denn der DGB. Dafür aber zählen zu den 20 der evangelische Kirchenkreis Jülich, das Bundesforum Männer oder die Deutsche Gesellschaft für Systemische Therapie und Familientherapie – Verbände mit eher bescheidenerer Reichweite und Mobilisierungskraft. Am Ende reicht das einfach nicht.

Das zweite Problem: Als das Projekt »Kindergrundsicherung« nach 14 Jahren endlich in der regierungspolitischen Pipeline angelangt war und man sich schon am Ziel wähnte, musste die Lobby einmal mehr erfahren, was auch schon für die Vorgängerregierungen der Ampel galt: Armutspolitik darf nicht viel kosten. Einmal mehr ploppte auf, was man hätte wissen können: Solange die Finanzierung und Fragen der allgemeinen Finanz- und Steuerpolitik nicht mitlobbyiert werden, hat eine anspruchs- und wirkungsvolle Armutspolitik keine Chance. Sei es eine BAföG-Reform, das sogenannte Bürgergeld, der soziale Wohnungsbau oder eben die Kindergrundsicherung: Allesamt Vorhaben, die die Ampel wohlfeil in ihren Koalitionsvertrag schrieb, wohlwissend aber, dass sie ohne Steuererhöhungen gar nicht machbar waren. Die Steuer- und Finanzpolitik ist letztlich der Glaubwürdigkeitstest für eine anspruchsvolle Sozialpolitik. Und ebenso für die Armutslobby. In einer Gesellschaft, in der sich Arm und Reich immer weiter auseinanderentwickeln, wird es ohne steuerliche Umverteilung schlicht niemals möglich sein, Armut zu beenden. Eine armutspolitische Lobby, die vor diesem Zusammenhang zurückschreckt und sich nicht zugleich als Lobby für Umverteilung versteht, hat schon verloren, bevor sie überhaupt in die Schlacht gezogen ist. Es sei denn, man will sich tatsächlich mit Placebopolitik zufriedengeben.

Machtlose Lobby

Hinzu kommt schließlich ein drittes, strukturelles Problem. Um lobbyistisch erfolgreich zu sein, brauche ich nicht nur gute Sachargumente, auch wenn viele das glauben möchten und gerade Wohlfahrtsverbände sich lieber als partnerschaftliche Politikberater denn als Lobbyisten sehen. Um lobbyistisch wirklich stark zu sein, muss ich in der Lage sein, einer Regierung das Fürchten zu lehren. Arbeitgeber- und Wirtschaftsverbände haben es da vergleichsweise einfach. Schon die schlichte Mahnung der Wirtschaftsführer, eine vermeintlich zu hohe Abgabenlast der Unternehmen oder vermeintlich zu hohe Mindestlöhne oder Energiepreise trübten die Stimmung ein und könnten sich negativ auf Wachstum und Beschäftigung auswirken, erzeugt in der Regierung mindestens Nervosität. Die Drohung gar, Arbeitsplätze abzubauen oder Produktionen ins Ausland zu verlegen, zeigt immer zuverlässig Wirkung. Jede Regierung, egal welcher Couleur, ist nun einmal zwingend auf eine florierende Wirtschaft angewiesen. Und so, wie unser Wirtschaftssystem gestrickt ist, heiß das: auf Wachstum. Wachstum des Inlandprodukts, um daraus steigende Profite, aber auch steigende Löhne und einen immer weiter steigenden Lebensstandard für die Mehrheit der Bevölkerung realisieren zu können. Dass es dabei schreiend ungerecht zugeht und insbesondere der Reichtum der Reichen in diesem System wächst, während unten sehr viel weniger ankommt, wird in Kauf genommen oder sogar als notwendig verteidigt, da die Profiterwartungen nun einmal das A und O jeglicher wirtschaftlichen Dynamik seien. Ein wirtschaftliches Wachstum, an dem zwar nicht alle teilhaben, aber doch wenigstens eine Mehrheit, schafft mehrheitlich Zufriedenheit, auch mit der Regierungspolitik. Und es besorgt die so wichtigen Steuereinnahmen.

Wirtschaftskrisen schlagen daher ganz direkt, eins zu eins, in politische Krisen um. Probleme der Wirtschaft, sprich: Probleme von maßgeblichen Branchen, Konzernen oder Banken, werden sofort zu politischen Problemen, die dann auch Behandlung erfahren.

Am liebsten lässt man es halt gar nicht erst so weit kommen. Wirklich lobbyistische Macht hat, wer den wirtschaftlichen Flow stören kann. Dazu gehören neben der Kapitalseite auch die Gewerkschaften, wenn auch nur auf dem zweiten Platz. Sie können der Wirtschaft zwar kein Kapital entziehen, doch verursacht auch jeder Streik erst einmal Umsatz-, Gewinn- und Steuerausfälle. Nicht umsonst verabschiedete die Bundesregierung auf dem Inflationshoch 2022 noch während der Tarifverhandlungen in der chemischen und in der Metallindustrie ihr Gesetz zum Abbau der sogenannten kalten Progression und schob auch gleich die steuerfreie Inflationsausgleichsprämie von 3 000 Euro hinterher (s. S. 46 ff.). Ein Streik in diesen Branchen bei ohnehin eingetrübter Konjunktur war eine echte Bedrohung. Es wurde viel Geld ausgegeben, um Schlimmeres für Wirtschaft und Staatshaushalt abzuwenden.

Was aber könnte eine Armutslobby schon Vergleichbares in die Waagschale werfen, um eine Regierung auf Trab zu bringen? Wie viel echten Druck können armutsbewegte Aktivisten, Wohlfahrts- und Sozialverbände auf eine Regierung ausüben – vorausgesetzt, sie wären sich überhaupt einig? Es ist erschütternd wenig. Wer weder mit dem Entzug von Kapital noch Arbeit drohen kann, wer, wie Großbanken, nicht den Kollaps eines ganzen Wirtschaftssystems an die Wand malen kann, wer also nicht wirklich in die Speichen greifen kann, dem bleibt nur der Platz am lobbyistischen Katzentisch, wo er nicht volkswirtschaftlich und fiskalpolitisch, sondern lediglich noch moralisch argumentieren kann. Und moralische Argumente sind im politischen Berlin nicht gerade starke Argumente. Ganz im Gegenteil: Viele fühlen sich genervt oder belästigt. Von »Moralisieren« ist dann plötzlich die Rede, von »Moralisten« und »Gutmenschen« und das ist nicht nett gemeint.[5]

Bedürftige zählen in der Welt der harten und amoralischen Argumente vor allem als Kostenfaktor, ihre Nöte sind zweitrangig. Es mag zynisch klingen, aber so wie unsere Wirtschaft und unser Steuerstaat nun einmal funktionieren, ist die eigentlich logische und naheliegende Antwort des Staates auf eine wachsende Zahl von Menschen, die auf staatliche Fürsorgeleistungen angewiesen sind, erst einmal die Leistungskürzung, nicht die Beseitigung von Not und Armut. Und dies ist keine Theorie. Die Geschichte des bundesdeutschen Sozialstaates gibt ein beredtes Zeugnis davon.[6]

Dies wissend, versucht die Armutslobby daher immer mal wieder, auf das Feld der harten Argumente zu wechseln und volkswirtschaftlich oder haushaltspolitisch zu überzeugen. So präsentierte die Diakonie 2023 mitten im Koalitionsstreit um die Kosten der Kindergrundsicherung eine Studie des Deutschen Instituts für Wirtschaftsforschung (DIW), wonach die gesellschaftlichen Folgekosten der Kinderarmut im Jahr 2019 rund 3,4 Prozent des Bruttoinlandsprodukts, über 100 Milliarden Euro also, ausgemacht hätten. Allein die direkten und indirekten Kosten im Zusammenhang mit Adipositas – starkem Übergewicht –, die insbesondere armen Kindern zugeschrieben wird, wurde in dieser Rechnung mit mehr als 60 Milliarden veranschlagt. Die Bekämpfung der Kinderarmut sei damit auch ein Gebot ökonomischer Vernunft.[7]

Die Studie hatte durchaus die von der Diakonie gewünschte Medienresonanz gefunden, nur Finanzminister Lindner offensichtlich nicht weiter interessiert. Gerade einmal 2,4 Milliarden Euro rückten er und Kanzler Scholz für das Projekt der Familienministerin heraus, die einst das Fünffache veranschlagt hatte.

Pressearbeit – der Ausgang für Helden

Den Versuch war es allerdings wert. Denn wo keine echte, strukturelle Macht und Druck ausgeübt werden können, wo keine unmittelbaren wirtschaftlichen und politischen Friktionen angedroht werden können, bleibt nur der Weg über die Öffentlichkeit. Eine demokratisch gewählte Regierung ist ja nicht nur auf eine florierende Wirtschaft angewiesen, sondern ebenso auf die Bestätigung ihrer Politik durch die Wählerinnen und Wähler. Hier können, salopp formuliert, diejenigen Lobbyisten ihr Glück versuchen, die sonst nicht viel zu bieten haben. Es geht darum, öffentliche Meinung zu beeinflussen. Oder besser noch: Den politischen Entscheidungsträgern klarzumachen, dass man durchaus in der Lage ist, öffentliche Meinung zu beeinflussen, wenn man es will. Man bringt sich in eine Position und baut sich eine Reputation auf, die glaubhaft rüberbringt, dass man ein ernst zu nehmender Konkurrent im Kampf um die immer nur begrenzte öffentliche Aufmerksamkeit ist. Es muss deutlich werden, dass man Themen setzen und, wenn es gut läuft, auch Meinungsführerschaft übernehmen kann. Man hat Zugang zu Medien und wird gefragt. Man kann Nachrichten einen Spin geben und wird damit relevant im politischen Betrieb. Wer es als Organisation, vor allem aber als Person, schafft, in den Medien präsent zu sein, am besten in den klassischen Leitmedien, steigt in der Lobbyhierarchie ganz deutlich auf, bekommt Termine, die andere nicht bekommen, wird angehört und ernst genommen – auch dann, wenn man in der Sache meilenweit auseinanderliegt und eigentlich nervt. War es in Vorzeiten der Adelstitel und war es später statusrelevant, über einen akademischen Titel zu verfügen, so macht es heute den Eindruck, als müsse man in irgendeiner Talkshow gesessen haben, um als Player dazuzugehören.

Medienpräsenz ist spätestens seit der Jahrtausendwende zur Eintrittskarte in die Lobby geworden. Wer von den Machtlosen aus den Leitmedien verschwindet, darf sich lobbyistisch wieder ganz hinten anstellen. In der strukturell schwachen Position, in der sich Armuts- und Soziallobbyisten befinden, stellt Medienarbeit den entscheidenden Krafthebel zum Ausgleich ihrer Machtlosigkeit dar. Und wo teure Kampagnen in Hochglanz, wie sie Parteien, Ministerien, millionenschwere Lobbyvereine wie die neoliberale Initiative Neue Soziale Marktwirtschaft (INSM)[8] oder Stiftungen wie Bertelsmann auflegen, das Budget sprengen, bleibt nur eine hochprofessionelle Pressearbeit als Mittel der Wahl. Pressearbeit ist die mit Abstand effizienteste Form der Öffentlichkeitsarbeit.

Geld regiert die Welt

Wo die Waffen so ungleich verteilt sind wie zwischen Wirtschafts- und Arbeitgeberlobby einerseits und Sozial- und Armutslobby andererseits, muss es auch nicht verwundern, dass der regierungspolitische und parlamentarische Output entsprechend Schlagseite hat. Und zwar eine ganz gehörige, wie eine Forschungsarbeit der Universität Osnabrück 2017 auch statistisch belegen konnte.[9] In Auftrag gegeben hatte das brisante Werk die damalige Arbeitsministerin Andrea Nahles für ihren regierungsamtlichen Armutsbericht.[10] Untersucht wurde, wie hoch die Zustimmungsrate unterschiedlicher Berufs- und Einkommensgruppen zu verschiedenen politischen Entscheidungen ist. Oder anders herum: Wie weit sich Haltungen, Meinungen und Interessen der einzelnen Gruppen in den politischen Maßnahmen einer Regierung und eines Parlaments wiederfinden. Wenig überraschend: Politische Mehrheitsmeinungen aus den höchsten Einkommensgruppen haben eine sehr hohe Wahrscheinlichkeit, politisch Gehör zu finden und ihre Anliegen Richtung Umsetzung zu pushen. Es sind die Ansichten der Reichen, denen die Regierungen folgen, die Meinungen der Gebildeten, der Beamten und der Selbstständigen. Bei armen Hauhalten ist es dagegen genau umgekehrt. Deren Interessen und Ansichten finden sich im Regierungshandeln kaum wieder. Abgefragt wurden in dieser Untersuchung Themen wie Mindestlohn, Marktregulierung, Wiedereinführung der Vermögenssteuer, Umstrukturierungen der Sozialsysteme oder die Einführung einer privaten Rentenversicherung. Die Autorinnen und Autoren machen in ihrem Fazit auf eine gefährliche Dynamik aufmerksam: »In Deutschland beteiligen sich Bürger*innen mit unterschiedlichem Einkommen nicht nur in sehr unterschiedlichem Maß an der Politik, sondern es besteht auch eine klare Schieflage in den politischen Entscheidungen zulasten der Armen. Damit droht ein sich verstärkender Teufelskreis aus ungleicher Beteiligung und ungleicher Responsivität, bei dem sozial benachteiligte Gruppen merken, dass ihre Anliegen kein Gehör finden und sich deshalb von der Politik abwenden – die sich in der Folge noch stärker an den Interessen der Bessergestellten orientiert.«[11] In schlichteren Worten: Geld regiert die Welt und die Armen geben irgendwann auf.

Dass die Responsivität, wie es in der Wissenschaft heißt, zwischen den Haltungen von höheren Einkommensgruppen, Akademikern und Beamten einerseits und den Entscheidungen von Regierung und Parlament andererseits so hoch ist, wird versuchsweise auch damit erklärt, dass die Entscheider im Parlament ja genau zu diesen Gruppen gehören. Man sollte diesen Punkt nicht überbewerten, aber er sollte auch nicht unter den Tisch fallen.

Von Parlamentariern, Beamten und Professoren

Dass unser Bundestag alles andere ist als ein Spiegel dieser Gesellschaft, ist nichts Neues. Es muss auch erst einmal gar nicht schlimm sein und unserer Demokratie keinen Abbruch tun. Bei vielen Gesetzen, die in unserem Parlament beraten und entschieden werden, fällt die Herkunft der Abgeordneten gar nicht ins Gewicht; zumindest nicht so schwer, wie es uns Populisten gern vormachen wollen. Zum einen ist da der Fraktionszwang. Der wird zwar mit Blick auf die grundgesetzlich verbürgte Freiheit der Abgeordneten immer wieder bestritten, ist tatsächlich aber kaum zu leugnen. Und wo die individuelle Entscheidungsfreiheit ohnehin in einem Korsett steckt, spielt die individuelle Herkunft naheliegenderweise nur noch eine untergeordnete Rolle. Zum anderen gibt es reichlich Themenfelder und Fragen, bei denen es vor allem auf den Grad der Vernunft ankommt, ob Politik gelingt und Probleme gelöst werden können, weniger auf die Herkunft und den Erfahrungsschatz des einzelnen Abgeordneten. Dass es etwa in unser aller Interesse liegen muss, die Erderwärmung zu stoppen und deshalb die Klimaziele des Pariser Abkommens zu erreichen durch eine spürbare Reduzierung des CO_2-Ausstoßes, liegt auf der Hand. Der Streit kann im Grunde nur über das Wie geführt werden. Ist es möglicherweise angezeigt, Kernkraftwerke länger am Netz zu lassen? Ist es sinnvoll, politisch bestimmte Technologien zu präferieren oder aber Klimapolitik »technologieoffen« zu betreiben? Wo soll der Staat fördern und Anreize schaffen, wo muss er verbieten und vorschreiben? Man könnte diese Fragen eigentlich ziemlich leidenschaftslos diskutierten. Es ist vor allem parteitaktischem Kalkül geschuldet, wenn etwa der nüchterne und harmlose Vorschlag eines Tempolimits zum Angriff auf unsere Freiheit hochstilisiert wird oder die Frage einer klimagerechteren Ernährungsweise zum Kulturkampf. Ganz bewusst werden vornehmlich technische Fragen zu Grundsatzfragen gemacht, um den Volkszorn zu entfachen. Tatsächlich ließen sich viele Fragen, auch über Parteigrenzen hinweg, relativ geräuschlos erledigen, ginge es nur um die Sache.

Bei anderen Fragen können Background und Herkunft der im Bundestags sitzenden Abgeordneten durchaus von Bedeutung sein. Natürlich prägen Milieu, Ausbildung oder berufliche Erfahrungen. Selbstverständlich macht es einen Unterschied, ob man Kinder hat oder nicht oder pflegebedürftige Angehörige, ob man reich ist oder nicht, Aktienpakete besitzt oder nur ein Sparbuch, kein Erspartes hat oder Schulden. Umso bedeutsamer sind solche Erfahrungen, wenn Bundestagsabgeordnete, sobald sie ins Regierungsviertel einziehen, in eine Blase eintauchen, in der Maßstäbe verrücken und die mit der Lebensrealität der Menschen »da draußen« bestenfalls noch in Schnittmengen zu tun hat. Als ich vor einiger Zeit in einer öffentlichen Veranstaltung meinem Unverständnis darüber Ausdruck verlieh, dass man das Bürgergeld bei Rot und Grün als Jahrhundertreform feiere, als historische Überwindung von Hartz IV, wo es sich doch bestenfalls um ein Reförmchen handele, so gut wie ohne Alltagsrelevanz für die meisten Menschen im Hartz-IV-Bezug, löste ich damit bei zwei meiner Mitdiskutanten geradezu Empörung aus. Man müsse doch verstehen, so ein junger Bundestagsabgeordneter der Grünen, dass es sich beim Bürgergeld in all seiner Unvollkommenheit um einen großen Verhandlungserfolg gegenüber die FDP handele. Der Widerstand in der Ampel sei enorm gewesen. Das könne gar nicht genug abgefeiert werden. Während er so sprach, glaubte man geradezu sehen zu können, wie sich die Kluft zwischen ihm und den Menschen im Saal immer weiter auftat. Politik ist eine andere Welt. Wer viel mit Politik und Berufspolitikern zu tun hat, erlebt das häufig, in der Regel nur nicht ganz so öffentlich wie in dieser Diskussionsrunde. Im parteipolitischen Stellungskrieg geht es oftmals nur um winzige Geländegewinne. Um diese als große Siege wahrzunehmen, muss man schon selbst mitten im Schlachtgetümmel gestanden haben. Da leiert die SPD der CDU während der Pandemie lächerliche 100 Euro und ein paar FFP2-Masken für die Ärmsten aus den christlichen Knochen, nicht mehr als eine hilflose Geste, und erwartet allen Ernstes Dankbarkeit. Grüne setzen bei ihren Ampel-Partnern 200 Euro für Grundsicherungsbezieher durch, als einmalige Hilfe für Menschen, die dieses Geld eigentlich jeden Monat bräuchten, und können gar nicht nachvollziehen, weshalb man sich nicht mit ihnen mitfreut. Ich kann durchaus nachempfinden, was es heißt, nach hartem Ringen in zum Teil nächtlichen Sitzungen mit politischen Gegenübern, die vor Kurzem noch politische Gegner waren, endlich ein Ergebnis durchgesetzt zu bekommen, mit dem alle leben können. Nach den Regeln und Maßstäben in der Blase ist das ja sogar ein großer Erfolg. Bei den Betroffenen jedoch kommt nur an: Es reicht schon wieder nicht. Da ist niemand, der uns wirklich hilft.

Wenn man auf dieses Dilemma hinweist, wenn man darauf aufmerksam macht, dass mit diesem Kompromiss doch gar kein Problem wirklich gelöst ist und die Menschen sich zu Recht allein gelassen fühlen, gilt man in der Blase schnell als undankbar, unprofessionell und unpolitisch. Das mag sogar in gewisser Weise stimmen. Richtig ist aber auch, dass der Aufenthalt in der Blase, das permanente Taktieren, Verhandeln und Abwägen, das tägliche politische Geschäft das Sichtfeld so stark verengen, dass Sachprobleme und Alltagsnöte von Menschen schlicht aus dem Blick geraten. Und dann spielt es doch wieder eine Rolle, welches Rüstzeug man in dieses politische Geschäft mitbringt, wo man herkommt, wie tief verwurzelt und stabil man ist.

Der Bundestag wird dominiert von Angehörigen des öffentlichen Dienstes und von einem Heer von freiberuflichen Rechtsanwälten, Steuer- und Wirtschaftsberatern.[12] Von den 739 Sitzen unseres Parlaments werden sage und schreibe 217 von Beamten und Angestellten im öffentlichen Dienst eingenommen, ein stattlicher Anteil von 29 Prozent des Hohen Hauses. Die Steuerberater und Anwälte kommen ebenfalls auf über 100 Abgeordnete. Über 300 Mitglieder des Bundestages haben Rechts- und Staatswissenschaften oder Wirtschaftswissenschaft studiert.

Interessant übrigens auch, dass 90 Abgeordnete dieser Wahlperiode zuvor bei den Fraktionen oder in den Abgeordnetenbüros tätig waren, mehr als jeder Zehnte. Hier rekrutiert der Bundestag praktisch aus seinem eigenen Apparat heraus.

Es ist gänzlich ohne Vorwurf. Aber klar ist: Ein Wirtschaftsprüfer oder Staatsrechtler hat aufgrund seiner Ausbildung und seiner beruflichen Sozialisation erst einmal einen völlig anderen Blick auf soziale Nöte als etwa ein Sozialarbeiter, eine Pflegekraft oder eine Erzieherin, Berufe, die im Bundestag so gut wie keine Rolle spielen. Nun ist nicht jeder ein Fachidiot, aber es ist nun einmal so, dass man ein Problem immer nur nach seinen Möglichkeiten wahrnimmt und, wenn es gut geht, lösen kann: Und wer als Werkzeug nur einen Hammer kennt, sieht bekanntermaßen in jedem Problem einen Nagel. Und so kommen dann gelegentlich so kuriose Vorschläge, wonach Menschen, die ohnehin nichts zur Seite legen können, empfohlen wird, für das Alter eine private Zusatzversicherung abzuschließen, Aktienpakete zu erwerben oder am besten Wohneigentum zu bilden. Das, was man als Finanzberater mit Wohneigentum und Wertpapieren halt so empfiehlt.

Die Gesetzesvorlagen, mit denen sich unsere Abgeordneten auseinandersetzen, werden wiederum von gut dotierten Bundesbeamten geschrieben, denen man ebenfalls nicht zu nahe tritt, wenn man auf ihre beamtenrechtlichen Versorgungsansprüche hinweist und darauf, dass sie, was sozialen Schutz anbelangt, ein echtes Luxusleben führen, fernab von den Nöten eines kleinen Selbstständigen, eines Leiharbeiters, eines befristet Beschäftigten oder auch nur desjenigen, der einfach um seinen Arbeitsplatz bangen muss. Und ganz weit weg von der Sorge, ob denn die Rente einmal reichen wird im Alter.

Beraten werden sie dabei nicht nur von den einschlägigen Lobbyverbänden, sondern auch von einer Legion von ebenfalls verbeamteten Professoren, die in den vielen Regierungskommissionen sitzen. Da haben wir wieder das Hammer-und-Nagel-Problem und natürlich die Frage nach dem Zusammenhang von persönlicher Situation und politischer Anschauung. Dies leugnen zu wollen, wäre nicht mehr nur naiv, sondern schon bewusst irreführend. Ein Bauarbeiter käme niemals auf die Idee, zur Lösung der Finanzprobleme unserer gesetzlichen Rentenversicherung eine Erhöhung der Lebensarbeitszeit vorzuschlagen. Beschäftigte mit Niedriglohn wären niemals auf die Idee gekommen, unser Rentenniveau auf Talfahrt zu schicken und den Leuten zu erklären, sie sollten halt riestern. Auf solche Ideen können nur Leute kommen, die selbst auf die gesetzliche Rente niemals angewiesen sein werden.

Die Unbekümmertheit, mit der aus der Professorenschaft immer wieder derartige Vorschläge kommen, lässt sich wirklich nur mit der Vollversorgung derer erklären, die so etwas vorschlagen, oder damit, dass sie ihre Schäfchen bereits anderweitig im Trockenen haben. Ich bin der festen Überzeugung, dass unsere Alterssicherungspolitik eine komplett andere wäre, wenn die, die sie machen, selbst von ihrer Politik abhängig wären.

In sehr alltagspraktischer Form dürfte das Sein das Bewusstsein zwar nicht völlig bestimmen, aber doch gehörig beeinflussen. Die Meinungsbildung zu einer Vermögens- und Erbschaftssteuer wird sich ganz selbstverständlich nicht davon freimachen können, ob man selbst über ein großes Vermögen verfügt oder ein großes Erbe in Aussicht hat oder nicht. Es ist menschlich. Auch Abgeordnete sind nicht frei von Befangenheiten. »Wer mit 20 Jahren kein Sozia-

list ist, hat kein Herz, wer es mit 40 immer noch ist, hat kein Hirn.«
Dieses Winston Churchill zugeschriebene und bei Konservativen
beliebte Zitat übersieht das Eigentliche: Mit zunehmendem Alter
wächst bei vielen der Wohlstand und der ist durchaus geeignet, das
Hirn zu vernebeln.

Über die Solidarität

Die Mär vom Eins-a-Sozialstaat

Deutschland mag alles Mögliche sein, aber bestimmt kein solidarisches Land. Es ist nicht sonderlich sozial, geschweige denn zugewandt und rücksichtsvoll. Tatsache ist: Deutschland ist unsozial. Mit Solidarität ist es in diesem Lad nicht weit her. Wo echte Solidarität angezeigt wäre, reicht es häufig nur zur Geste. Doch tun wir uns schwer, uns das einzugestehen.

Deutschland sieht sich stets und überall an der Weltspitze. Deutschlands Selbstbild ist bis zur Peinlichkeit immer das des Weltprimus. Und wenn die Fakten unleugbar dagegensprechen, in der Bildung, bei der Digitalisierung oder bei Bahn und Bundeswehr, ist die normale politische Reaktion darauf, großmäulig zu erklären, dass wir ab sofort alles daransetzen werden, sehr bald wieder Weltspitze zu sein. Darunter tun wir es in Deutschland nicht. Das gilt auch fürs Soziale.

Gern zeigen wir auf die USA, auf südamerikanische oder osteuropäische Staaten: Seht, wie viel soziale Sicherheit unser Staat im Vergleich dazu seinen Bürgerinnen und Bürgern bietet. Wir verweisen auf unsere Krankenkassen, unsere Rentenversicherung und nicht zuletzt auf Hartz IV und die Sozialhilfe, die alle auffangen und angeblich vor Armut schützen sollen. Wir rühmen uns unseres BAföGs und unserer Arbeitslosenversicherung. Wir sind stolz auf soziale Leistungsgesetze, die wir einmal, je nachdem, vor 50 oder 100 Jahren eingeführt haben und die damals in der Tat Riesenerrungenschaften darstellten. Nur dass der Zahn der Zeit seitdem unübersehbar an diesen Institutionen genagt hat, Regierungen aller Farben sie zurückstutzten oder nur unzureichend anpassten und sie damit sukzessive ihrer sozialen Schutzfunktion beraubten.[1] Und so speist sich denn das Bild unseres vermeintlich weltbesten Sozialstaates im Wesentlichen aus vergangenen Zeiten, als die gesetzliche Krankenkasse noch Brillen bezahlte und bestmöglichen Zahnersatz, als Zuzahlungen und Igel-Leistungen noch keine Rolle spielten und man die Einkommenssituation von Menschen noch nicht an ihren Zähnen erkennen konnte. Es speist sich aus einer Zeit, in der das Rentenniveau noch bei 60 Prozent lag und nicht bei 48 und die Politik ihren Bürgerinnen und Bürgern noch nicht empfehlen musste, besser noch privat vorzusorgen, wenn es im Alter tatsächlich einmal reichen soll. Es speist sich aus einer Zeit, als wir in Deutschland noch zwei Millionen und nicht nur eine Million Sozialwohnungen vorhielten, als noch 70 Prozent aller Arbeitslosen und nicht nur 30 Prozent Arbeitslosengeld 1 erhielten und als es noch eine Arbeitslosenhilfe gab, die vor dem Gang zum Sozialamt bewahrte. Unsere sozialstaatliche Selbstüberschätzung speist sich aus einer Zeit, als das BAföG noch als 100-prozentiger Zuschuss an über 40 Prozent aller Studierenden ausgezahlt wurde und nicht als Kredit, deutlich unter der Armutsgrenze, an gerade einmal elf Prozent. Es speist sich aus einer Zeit als 4,5 und nicht 7 Millionen Menschen auf Sozialhilfeniveau leben mussten und die Armutsquote in Deutschland noch bei 10 und nicht 17 Prozent lag.

Eine etwas realitätsnähere Betrachtung würde vielen unserer Superlativ-Politikern mit ihren andauernden angeblichen Jahrhundertreformen guttun. Im Vergleich der EU-Staaten belegt Deutschland gerade einmal den 15. Platz, was seine Einkommensarmut anbelangt.[2] Auch die Bertelsmann-Stiftung bescheinigt in ihrem renommierten Index-Report zur sozialen Gerechtigkeit, der neben der Armut auch Aspekte wie gesundheitliche Versorgung, Bildungs- und Arbeitsmarktchancen oder Nicht-Diskriminierung in den Blick nimmt, Deutschland im internationalen Vergleich lediglich einen zehnten Platz.[3] Die skandinavischen Länder und die Niederlande, aber auch Tschechien oder Slowenien sind klar besser aufgestellt. Deutschland ist nicht schlecht. Aber Deutschland ist bei Weitem nicht so weit vorn, wie der selbst ernannte Klassenprimus es sich und anderen gern vorgaukelt.

Konfrontierte man unsere Polit-Elite mit solchen Fakten, würde gleich helle Aufregung herrschen. Leute wie Christian Lindner oder Friedrich Merz verwiesen dann darauf, dass immerhin jeder dritte Euro in Deutschland für Soziales draufginge, Gesundheit oder Kindergeld. Und dass der Etat des Arbeitsministers der größte sei im ganzen Bundeshaushalt. Die gesamte SPD-Riege würde dazu im Chor die großen sozialpolitischen Errungenschaften ihrer alt-ehrwürdigen Partei absingen, der aus ihrer Sicht ohnehin in Partei-form gegossenen Solidarität schlechthin. Kirchen und Wohlfahrts-verbände führten mit geschwellter Brust ihre Ehrenamtlichen ins Feld, sollten auch nur leise Zweifel an der sozialen Grundhaltung der Deutschen geäußert werden. Abschließend würde noch ihre große Spendenfreudigkeit abgefeiert. Immerhin zwölf Milliarden Euro machten sie 2019 für den guten Zweck locker, Tendenz bis zum Inflationsjahr 2022 steigend.[4]

Die Mär von der solidarischen Gesellschaft

Was an dem Hinweis auf Engagement und Spendenbereitschaft stimmt: Die überwältigende Hilfsbereitschaft in Teilen der Bevölke-rung und der geradezu aufopferungsvolle zivilgesellschaftliche Ein-satz vieler bei der Aufnahme der zu uns geflüchteten Menschen in den Jahren 2015 und auch wieder 2022 haben eindrückliche Bilder solidarischen Handelns hinterlassen. Und auch bei den Spenden ist es beeindruckend, dass sogar dort gespendet wird, wo kaum etwas zu holen ist, nämlich von Menschen mit ganz kleinem Geldbeutel. Viele Deutsche haben eine soziale Ader, sind solidarisch, sei es mit dem Bettler in der Fußgängerzone oder mit dem Erdbebenopfer in der Türkei. Viele unter uns engagieren sich für andere, manche auch ohne Rücksicht auf die eigene Befindlichkeit, bis zur Erschöpfung und auch darüber hinaus, wenn es darauf ankommt. Wir konnten dies zuletzt beim Einsatz für die Menschen aus der Ukraine, aber auch bei der Hochwasserkatastrophe im Ahrtal erleben.

Was aber auch stimmt: Das ist keinesfalls die Regel. Und deshalb sollten wir in Sachen Eigenlob die Kirche ruhig mal im Dorf lassen. Folgen wir den einschlägigen Untersuchungen, sind in Deutschland je nach Befragung zwischen 20 und 40 Prozent der jugendlichen und erwachsenen Bevölkerung irgendwie ehrenamtlich engagiert, die meisten davon im Sport oder in der der Kulturszene.[5] Schulen sind auch gut vertreten, was angesichts der Zahl von Elternvertretungen nicht sonderlich erstaunt. Was da getan wird, ist gut und wichtig für unsere Gesellschaft. Es ist zivilgesellschaftliches Engagement im besten Sinne, wenn Bürgerinnen und Bürger selber ihr Gemeinwesen gestalten und nicht auf den Staat warten. Doch ist es nüchtern betrachtet eigentlich auch nichts Besonderes. Es ist eher selbstverständlich, dass Menschen es sich schön machen, wenn man sie lässt und ihnen die Möglichkeiten dazu gibt. Es ist schlechterdings unser Leben, mehr nicht. Mit Solidarität hat es nicht wirklich zu tun, wenn ich am Wochenende meinen Sohn und seine Mitspieler ehrenamtlich zum Auswärtsspiel fahre, beim Laternenfest der Schule Glühwein ausschenke oder im Vorstand meines Kleingartenvereins oder meines als gemeinnützig anerkannten Golfclubs den Kassenwart gebe. Und auch im Sozialen muss man schon unterscheiden zwischen denen, die aufopferungsvoll und unentgeltlich Sterbenskranke im Krankenhaus oder einsame Menschen im Pflegeheim besuchen, die bei den Tafeln Essen ausgeben, Kleidung für Sozialkaufhäuser sammeln oder Hausaufgabenhilfe für benachteiligte Kinder leisten, und jenen, die das Renommee steigernde Vorstandsämter einnehmen, nicht selten gegen sogenannte Sitzungsgelder oder auch gleich gegen pauschale sogenannte Aufwandsentschädigungen, mit denen dann abgabenfrei Rente oder Pension aufgebessert werden.

Und wenn wir uns darüber freuen, dass 43 Prozent der erwachsenen Bevölkerung über das Jahr gelegentlich oder sogar regelmäßig spenden, sollte man auch die Kehrseite dieser Zahl zur Kenntnis nehmen: Die Mehrheit spendet nichts, null, nie, nicht einmal ganz spontan, wenn ihnen eine Sammelbüchse entgegengestreckt wird. Dass die 14 Millionen Armen nicht viel hergeben können, liegt auf der Hand. Tatsache ist jedoch, dass selbst unter denen, denen es wirklich nicht schwerfallen würde, den sogenannten Hochvermögenden mit einem Nettovermögen ab drei Millionen Euro, drei von zehn lieber auf ihrem Geld sitzen, als auch nur einen einzigen Cent abzugeben, wie das DIW 2022 ermittelte.[6]

Bei den zwölf Milliarden Euro, die im Jahr alles in allem an Spenden zusammenkommen, müssen wir auch einfach mal auf die Relationen schauen. Diese zwölf Milliarden Euro sind gerade einmal 6 Promille des privaten Konsums in Deutschland.[7] Also noch einmal: Kirche im Dorf lassen!

»Unser Herz ist weit, doch unsere Möglichkeiten sind endlich.« Mit diesem Satz, der in die deutsche Geschichte eingehen dürfte und als direktes Gegenstatement zu Merkels »Wir schaffen das« verstanden werden durfte, hat Bundespräsident Joachim Gauck, immerhin gelernter Pastor, 2015 nach einem Sommer schier unbegrenzt wirkender Solidarität mit den Menschen, die damals zu uns geflüchtet waren, dessen Ende ausgerufen. Ehrlicherweise hätte er sagen müssen: »Unsere Möglichkeiten sind weit, doch unser Herz ist eng.«

Die Mär vom solidarischen Steuersystem

Nun ließe sich einwenden: Wofür braucht's Spenden? Deutschland ist ein Steuerstaat. Nach Lindners subjektivem Empfinden sogar wieder einmal Steuerweltmeister. Nach der neuesten OECD-Studie sind wir nur noch Vizeweltmeister, doch immerhin: 48,1 Prozent seines Einkommens muss ein Single in Deutschland nach den Berechnungen der OECD im Durchschnitt von seinem Gehalt für Steuern und Sozialabgaben berappen. Nur in Belgien sind es noch mehr. Und auch bei verheirateten Paaren mit Kindern sind es im Schnitt noch über 40 Prozent.[8] Was jedoch viele dabei allzu gern unerwähnt lassen: Diesen Abgaben stehen durchaus Leistungen wie Renten, Arbeitslosengeld oder Kindergeld gegenüber. Dies alles mitbetrachtet steht Deutschland unter dem Strich nicht mehr auf Platz zwei, sondern mit einer Belastung von gerade noch 19 Prozent irgendwo im Mittelfeld.[9] Das Gleiche, wenn man nicht einzelne Haushalte herauspickt, sondern die volkswirtschaftliche Gesamtabgabenquote betrachtet: Auch dann liegt Deutschland mit 38,3 Prozent in der EU im oberen Mittelfeld, mehr aber auch nicht. Die skandinavischen Länder, aber auch Österreich, Italien Belgien oder die Niederlande langen mit bis 46,5 Prozent deutlich kräftiger zu. [10]

Ebenfalls gern übersehen wird bei diesem Vergleich, dass es ja nicht nur Einkommenssteuer und Sozialabgaben gibt, sondern auch Verbrauchssteuern, von der Mehrwertsteuer bis zur Versicherungssteuer, und daneben noch vermögensbasierte Steuern, von der Grundsteuer bis zur Kfz-Steuer. Was die Besteuerung von Vermögen angeht, ist Deutschland geradezu ein Steuerparadies. Nur rund ein Prozent machen die Einnahmen aus Vermögenssteuern hier im Verhältnis zum Bruttoinlandsprodukt aus. In der Schweiz, die ja nun nicht dafür bekannt ist, ihre Reichen zu schröpfen, sind es bereits 1,7 Prozent, in Luxemburg 3 Prozent und selbst in den USA 2,7 Prozent.[11]

Wo wir gerade dabei sind, sollten wir auch gleich mit einer anderen Umverteilungsmär aufräumen, die von unserem FDP-Finanzminister und seinen Gefolgsleuten gern erzählt wird. Dass nämlich unsere bestverdienenden zehn Prozent auf der Einkommensskala ganz allein die Hälfte der gesamten Einkommenssteuer aufbringen. Wie viel Solidarität also wolle man noch einfordern?[12] Mal ganz davon abgesehen, dass sich die verbleibenden 90 Prozent der deutschen Steuerzahler und Nicht-Steuerzahler wahrscheinlich glücklich schätzen würden, wenn sie zu den Top Ten gehören würden, auch bei diesem Argument wird gern einiges unerwähnt gelassen: So macht die Einkommenssteuer gerade einmal ein gutes Drittel unseres Gesamtsteueraufkommens aus. Andere 30 Prozent entfallen auf die Umsatzsteuer. Die aber zahlen nicht nur alle mit dem gleichen Steuersatz, auch belastet sie Haushalte mit kleinem Einkommen sehr viel stärker als reichere Haushalte, bei denen ohnehin ein beträchtlicher Anteil ihres Einkommens nicht im Konsum, sondern auf der hohen Kante landet.[13]

Mit unserem Steuerrecht lässt sich eine irgendwie herausragende Solidarität von Reich zu Arm also beim besten Willen nicht begründen. Ganz im Gegenteil: Unsere Reichen dürfen steuerlich durchaus als verhätschelt gelten. Ihnen, nicht den Armen, gilt die ganze fürsorgliche Aufmerksamkeit einer jeden Bundesregierung. Gleich zwei Ministerien, Wirtschaft und Finanzen, wachen darüber, dass ihnen nichts widerfährt, was ihnen übel aufstoßen könnte. Unsere Leistungsträger, so die Lesart, müssen bei Laune gehalten werden, um unsere Konjunktur nicht zu gefährden. Und so dümpelt der Spitzensteuersatz, der unter Helmut Kohl auch schon einmal 56 Prozent betrug, seit Gerhard Schröders Agenda-Politik bei 42 Prozent herum. Superreichen wird gerade einmal ein Aufschlag um zwei Prozentpunkte zugemutet, die sogenannte Reichensteuer. Um nicht nur die vermeintlichen Leistungsträger, sondern auch unsere Erben bei Laune zu halten, wurde die Erbschaftssteuer so sehr mit Ausnahmen durchlöchert, bis sie schließlich zur echten Farce verkam. Gerade noch drei Prozent der in Deutschland jährlich vererbten rund 300 Milliarden Euro fließen an den Fiskus. Vermögenssteuer wird seit den 1990er-Jahren ohnehin nicht mehr erhoben und für Kapitalerträge werden lediglich noch 25 Prozent Abgeltungssteuer gezahlt.

Also noch einmal: Kirche im Dorf lassen. Auch unser Steuersystem ist weit weg von irgendwelcher Solidarität, die unser Finanzminister und unsere Reichen selbstgefällig abfeiern könnten.

Schulden statt Solidarität

In der Bundesrepublik wurde Vermögenden so gut wie noch nie irgendetwas zugemutet, was wirklich hätte schmerzen können. Das letzte und einzige Mal, das für die Reichen wirklich solidarisches

Teilen angesagt war in diesem Land, liegt schon über 70 Jahre zurück. Es war Konrad Adenauers Lastenausgleich. Es ging um Kriegsschäden, die behoben werden mussten, um Entschädigungen für Menschen, die alles verloren hatten, es ging um Vertriebene und Spätheimkehrer. Diejenigen, denen trotz oder vielleicht auch durch den Krieg ein erhebliches Vermögen verblieben war, hatten eine Abgabe von 50 Prozent des Vermögenswertes abzutreten, zu zahlen in Raten über 30 Jahre. Das war das erste und letzte Mal. Seitdem haben wir in Deutschland echtes und solidarisches Teilen schlicht verlernt. Wenn wir seitdem von Teilen sprechen, meinen wir immer nur das Mehrerwirtschaftete, das aufgeteilt werden darf. Der Verteilungskampf fand und findet seitdem immer nur um den Zuwachs statt, niemals um die Substanz. Schon der bloße Gedanke daran, tatsächlich abgeben zu müssen, wird von jenen, die abgeben könnten und müssten, als völlige Zumutung empfunden. Wer es wagt, Umverteilung einzufordern, und sei der Zweck auch noch so edel, sieht sich schnell üblen Diskreditierungen und Diffamierungen ausgesetzt, die auszuhalten schon ein robustes Gemüt verlangt.[14] Doch sollten wir ehrlich sein: Die Tabuisierung der Umverteilung ist am langen Ende nichts anderes als die Tabuisierung echter Solidarität.

Und so will es nicht erstaunen, dass nach Adenauers Lastenausgleich Ähnliches auch nicht mehr passierte. Wenn Deutschland vor ganz besonderen Herausforderungen stand, die auch besondere finanzielle Anstrengungen verlangten, wurde nicht etwa Solidarität eingefordert von denen, die es sich leisten konnten. Es wurde auch kein Hut rumgereicht. Es wurden Schulden gemacht. Es war so bei der Bewältigung der Ölkrise in den 1970er-Jahren. Dann wieder bei der deutschen Vereinigung in den 1990er-Jahren. Es war so bei der Banken-, Wirtschafts-, und Finanzkrise 2008/2009 und schließlich ab 2020 in der Pandemie und in der Energie- und Preiskrise.

So wurde bei der Vereinigung 1990 zwar sehr viel Patriotismus gepredigt. Doch um den Reichen angesichts der enormen Kosten für Infrastruktur und in der Arbeitsmarkt- und Sozialpolitik etwas Solidarität zuzumuten, etwa in Form einer Reichensteuer oder einer Abgabe, dafür reichte es dann doch nicht – und das, obwohl ihnen die Vereinigung glänzende Geschäfte bescherte. Stattdessen wurde die deutsche Einheit durch die Plünderung der Sozialkassen und auf Pump finanziert. Noch 1990 wurde eilig ein »Fonds Deutsche Einheit« mit einem Volumen von über 160 Milliarden D-Mark aufgelegt, der sich fast vollständig über Kredite finanzierte. 1995 folgte ein sogenannter Erblastentilgungsfonds mit 336 Milliarden D-Mark, ebenfalls Kredite.

Als 2008 die Banken- und Finanzkrise von den USA zu uns herüberschwappte und die Wirtschaft in eine tiefe Rezession stürzte, sah sich die Bundesregierung nicht nur zu Milliardenausgaben zur Rettung notleidender Banken gezwungen, sondern auch zur Auflage von gleich drei Konjunkturprogrammen mit einem Volumen von über 60 Milliarden Euro. Natürlich wieder auf Pump. Zusätzliche Kredite von 37 Milliarden Euro wurden dafür aufgenommen. Nicht einmal denjenigen, die sich mit ihren windigen Bankgeschäften eine goldene Nase verdient hatten, oder denjenigen, die sich jahrelang über ihre Supermargen auf dem Börsenparkett freuen durften und ihre Schäfchen längst im Trockenen hatten, wurde ein Opfer für Bankenrettung und Konjunkturprogramme abverlangt. Stattdessen durften sie sich über eine fragwürdige Pkw-Abwrackprämie und Steuererleichterungen freuen, die in den Konjunkturpaketen mitverstaut wurden.

In der Krisenkaskade, die 2020 einsetzte, das gleiche Spiel. In den Jahren 2020, 2021 und 2022 stiegen die Schulden des Bundes von 1,2 Billionen auf 1,6 Billionen Euro. Mit Sonderfonds wie dem Wirtschaftsstabilisierungsfonds und dem Klima- und Transformationsfonds wurden die Schulden ausgelagert, um die Schuldenbremse, die es ja seit 2009 gab, zu handeln. Aus diesen Fonds wurde nicht nur das Krisenmanagement betrieben. Auch sollten sie die Finanzierung notwendiger klimapolitischer Investitionen sicherstellen. Dabei wurde mit der Schuldenbremse und den Ausnahmen, die sie erlaubt, außerordentlich freizügig umgegangen. Gelder wurden umgebucht und umgewidmet, wie man es brauchte und wie es passte.

Die Verbrämung des Teilens

Steht Deutschland vor besonderen Herausforderungen, pflegt sich unser Staat das Geld, das er für das Krisenmanagement braucht, regelmäßig bei seinen Reichen zu leihen, weil er sich nicht traut, es ihnen zu nehmen. In Deutschland ist nicht nur das Eigentum heilig, sondern auch die Profitrate. Schon an der Pandemie verdienten sich nicht wenige eine goldene Nase. Es waren die großen Discounter und Baumarktketten, der Versandhandel oder Streamingdienste wie Netflix und Co. Allein beim guten alten Otto-Versand schoss der Gewinn in den beiden Pandemiejahren 2020 und 2021 von 214 Millionen auf 1,8 Milliarden Euro.[15] Am heftigsten profitierte, wenig überraschend, die Pharmabranche. Ganz vorneweg Biontech und Pfizer, die mit dem ersten in der EU zugelassen Impfstoff auf den Markt kamen. Die Mainzer Firma Biontech des Gründerehepaares Uğur Şahin und Özlem Türeci machte 2021 einen Gewinn von über zehn Milliarden Euro. Vor der Entwicklung des Vakzins 2020 waren es gerade einmal 15,2 Millionen. Şahin tauchte zum ersten Mal in der Forbes-Liste der Reichsten der Welt auf. Mit einem Vermögen von sieben Milliarden Euro katapultierte er sich aus dem Stand in die Sphäre der 20 reichsten Menschen Deutschlands. Der Vorschlag einer Übergewinnsteuer wurde ins Spiel gebracht angesichts der vielen Milliarden, die die öffentliche Hand zur Eindämmung der Pandemie und ihrer Folgen in die Hand nehmen musste und angesichts der enormen Schulden, die der Staat dazu machen musste. Doch wurde dieser Gedanke abgeschmettert, bevor er überhaupt richtig griff. Wie könne man denn auf die Idee verfallen, einen Helden zu besteuern, einen Menschheitsretter, hieß es. Die Gegenfrage »Weshalb eigentlich nicht?« galt als genauso unanständig wie das ganze Ansinnen. Die gesamte Diskussion um eine Übergewinnsteuer nahm erst wieder bei der nächsten Krise Fahrt auf, nämlich als die großen Mineralölkonzerne ihre Geschäftsergebnisse für das zweite Quartal 2022 vorlegten und auch dem Einfältigsten klar wurde, wie maßlos sie sich an der Ölpreiskrise bereicherten und dass wir es mit echten Kriegsgewinnlern aus dem russischen Angriff auf die Ukraine zu tun hatten. Der österreichische Öl-, Gas- und Chemiekonzern OMV konnte seinen Gewinn im Vergleich zum Vorjahr mehr als verdoppeln. Auch die in Spanien ansässige Repsol verdoppelte. Total verdreifachte und Shell wies sogar einen fünfmal höheren Gewinn aus als ein Jahr zuvor.[16]

Und obwohl die Ölmultis – anders als Biontech – nun wirklich nicht im Ruf standen, Heldenhaftes geleistet zu haben, und die ganze Stimmungslage in Deutschland für eine Übergewinnsteuer sprach – drei Viertel der Bevölkerung sprachen sich für deren Einführung aus –, hielt Lindner eisern dagegen. Wie aus einem angestaubten neoliberalen Wirtschaftslexikon, das irgendwo in seinem Ministerium herumsteht, klangen seine altbekannten und mittlerweile altbackenen Argumente: Die Unternehmen zahlten jetzt schon sehr viel Steuern, verkündete er im August 2022 über Twitter. Eine Übergewinnsteuer sei willkürlich und gefährde das Vertrauen in das deutsche Steuersystem. Hohe Gewinne entstünden außerdem oft bei Pionieren, die zuvor über Jahre mit hohen Risiken investiert hätten. Und: »Es wäre schade, wenn sie sich in Zukunft aus Angst vor Bestrafung der eigenen Leistung gegen Deutschland entscheiden.«

Dass zu diesem Zeitpunkt Länder wie Griechenland, Italien, Rumänien, Spanien, Ungarn oder England eine solche Steuer längst eingeführt hatten, focht ihn nicht an. Deutschland verschonte seine Krisengewinnler selbst dann noch, wenn sie mit ihrer Preistreiberei und ihren Extraprofiten direkt zur Preiskrise mit all ihren Folgen für die Bürgerinnen und Bürger und den Staatshaushalt beitrugen.

Dazu zählten auch Stromanbieter. Hier tat sich Lindner durchaus etwas leichter.[17] Doch dauerte es bis Jahresende 2022 und bedurfte erst eines EU-Ratsbeschlusses, bis sich die Bundesregierung endlich zur Einführung einer Sondersteuer auf »Zufallsgewinne«, wie sie sie verniedlichend nannte, durchringen konnte – freilich auf exakt dem Mindestniveau, das die Brüsseler vorgaben. Und ja keinen Prozentpunkt mehr.[18]

Die Armen zahlen die Zeche

Wirklich fatal an diesem Muster aus Steuerverzicht, Reichenscho-
nung und Schuldentreiberei ist, dass es am Ende doch immer wieder die Schwächsten sind, die die Zeche zahlen müssen, und dass
sich auf lange Sicht all die vielen Rettungsschirme und Konjunktur-
maßnahmen immer wieder als riesige Umverteilung von unten
nach oben entpuppen.

Schon die Ölpreiskrise in der ersten Hälft der 1970er-Jahre wurde
mit zahlreichen Konjunkturprogrammen und einem deutlichen
Anstieg der Staatsverschuldung aufgefangen. 1975 dann die Quit-
tung: Mit einem sogenannten Haushaltsstrukturgesetz setzte die
damalige SPD-FDP-Koalition unter Helmut Schmidt Ausgabenkür-
zungen zwischen 1976 und 1979 von 22 Milliarden D-Mark durch,
8,5 Milliarden beim wenige Jahre zuvor erst eingeführten BAföG,
beim Wohngeld und bei der Arbeitsförderung. Das Schlechtwetter-
geld musste genauso herhalten wie das Kurzarbeitergeld oder die
Arbeitslosenhilfe.[19]

Auch nach der deutsch-deutschen Vereinigung und der Einrichtung des Fonds Deutsche Einheit dauerte es nicht einmal drei Jahre,
bis die Bundesregierung sich die Rechnung ausstellte und in Form
massiver Kürzungen im Sozialbereich beglich. Das Konsolidie-
rungsprogramm, das die Kohl-Regierung makabererweise »Solidarpakt« taufte, strich in der Sozialhilfe, beim Arbeitslosengeld, bei der
Arbeitslosenhilfe, beim Kurzarbeitergeld, beim BAföG, beim Wohngeld und beim Erziehungsgeld. Die Armen-West hatten mit dem Ar-
men-Ost zu teilen. Über 24 Milliarden D-Mark wurden so zwischen
1993 und 1996 bei jenen geholt, die ohnehin nichts hatten.[20]

Das gleiche Spiel dann auch wieder unmittelbar nach der Wirt-
schafts- und Finanzkrise 2008/2009. Kaum waren die Kredite aufgenommen und die Mittel aus den stattlichen Konjunkturprogrammen ausgezahlt, folgten die Sozialkürzungen. Diesmal unter dem
wohlklingenden Titel »Die Grundpfeiler unserer Zukunft«. In einer
Klausursitzung in Schloss Meseberg verständigte sich die damalige

schwarz-gelbe Koalition 2010 darauf, 82 Milliarden Euro zwischen 2011 und 2014 im Bundeshaushalt einzusparen. Den größten Brocken, nämlich fast 40 Prozent davon, hatte mal wieder der Sozialbereich zu stemmen. Arbeitsministerin war damals Ursula von der Leyen, die ohne Skrupel umsetzte: Streichung des Elterngeldes für junge Mütter in Hartz IV, Streichung des damals noch bis zu zwei Jahren gezahlten Zuschlags beim Übergang von Arbeitslosengeld I in Hartz IV, Streichung der Rentenversicherungsbeiträge sowie massive Kürzungen bei den Eingliederungshilfen für Langzeitarbeitslose. Dazu generelle Kürzungen bei Elterngeld und Wohngeld. Ein eindrückliches Programm politischer Entsolidarisierung.[21]

Auch nachdem das Bundesverfassungsgericht 2023 die schuldenbasierte Haushaltspolitik der Ampel von einem Tag auf den anderen beendete (s. S. 30 ff.) und der Gaspreisdeckel ebenso in die Luft flog wie viele klimapolitische Projekte und sich im Haushalt plötzlich ein tiefes Loch auftat, waren es mal wieder die Ärmsten, die im Regen standen. Die Ampel trieb die Energiepreise selbst noch nach oben, indem man sich Geld über eine überplanmäßige Erhöhung der CO_2-Abgabe verschaffte, die Entlastung der Verbraucher bei den Netzentgelten einstellte, die Mehrwertsteuer auf Strom wieder anhob und so genug im Beutel hatte, um Steuersenkungen vor allem für Gutverdiener durchzuziehen. Gespart wurde mal wieder unter anderem beim Zuschuss des Bundes zur Rentenversicherung, bei Hartz IV und beim Wohngeld.

Erst Krisenbewältigung über Kredite und später den Sozialstaat schleifen – es ist ein Muster, das sich durchzieht. Wurde dabei unter Helmut Schmidt in den 1970er- und Helmut Kohl in den 1980er- und 1990er-Jahren bei jeder Streichung von Sozialleistungen noch irgendwie verschämt rumgedruckst und rumgeeiert, fast entschuldigend, so erhoben Kanzler Gerhard Schröder und seine rot-grüne Koalition die Entsolidarisierung nach der Jahrtausendwende geradezu zur neuen Staatstugend.

Mit der Schröder-Agenda war Schluss mit dem überkommenen Sozialstaatsmodell und den ihm zugrunde liegenden Vorstellungen von sozialer Sicherheit genauso wie von einer menschenwürdigen Behandlung der Ärmsten.[22]

Die Globalisierung, so die Agenda-Doktrin, lasse Solidarität, sozialen Schutz und soziale Leistungen nun einmal nur sehr begrenzt und in eher kleineren Dosen zu. Die deutschen Unternehmen stünden im internationalen Wettbewerb, die nationalen Volkswirtschaften selbst in globaler Konkurrenz. Starke und kostspielige Sozialstaaten, das müssten Bürgerinnen und Bürger verstehen, hätten da keine Chance mehr. Sie gefährdeten lediglich den Wirtschaftsstandort und grüben sich damit ihr eigenes Grab.

Die Arbeitslosenhilfe wurde abgeschafft, der Anspruch auf Arbeitslosengeld zusammengestrichen, das Rentenniveau auf Talfahrt geschickt, Leiharbeit und andere prekäre Beschäftigung gefördert, alles vor allem zulasten derer, die auf die Solidarität der Stärkeren angewiesen sind. Die einen feiern es noch heute als eine große und mutige Reform, die Deutschland vor dem ökonomischen Niedergang bewahrt habe. Die anderen sehen darin lediglich den Niedergang unseres Sozialstaates. Wie auch immer: Fest steht, es war zum ersten Mal eine mit viel gesellschaftspolitischem Überbau begründete offensive Politik der Unsolidarität, die bekennende und programmatische Aufkündigung von Solidarität, die wir uns ja angeblich nicht mehr leisten konnten. Hinter der Umbau-Rhetorik befand sich nichts als Abbau. Man war stolz darauf, bei Rot wie bei Grün, und man genoss den Neid der Union und der Liberalen, die meckernd zusehen mussten, wie Rot-Grün sein neoliberales Programm umsetzt.[23] Der Neoliberalismus war seitdem unangefochtener Mainstream.

Solidarität, die ausgrenzt

Unser Sozialstaat wurde über Jahrzehnte zusammengestrichen. Gerade die Hilfebedürftigsten wurden am wenigsten geschont. Das ist Fakt. Und doch: Kaum jemand im politischen Betrieb – mit Ausnahme einiger Linker in der SPD und Mitgliedern der Linkspartei –

will die damit einhergehende Aufgabe von Solidarität eingestehen. Zum einen hängt das natürlich damit zusammen, dass man niemandem auf den Schlips treten will, vor allem nicht sich selbst. Zum anderen liegt es daran, dass unter Solidarität sehr Unterschiedliches verstanden wird.

Solidarität ist ein mindestens zweideutiger Begriff. Er kann das Miteinander in einer klar abgegrenzten Gruppe meinen, eine wechselseitige Solidarität von Menschen, die sich aufgrund einer gemeinsamen Haltung oder eines gemeinsamen Merkmals als miteinander verbunden sehen und die deshalb zueinanderstehen. Seien es Arbeiterinnen, Migranten, Schwule, Ärztinnen oder Kleingärtner. Man steht innerhalb seiner Gruppe für den Schwächeren ein, zählt aber auch auf die Solidarität der anderen, wenn es einmal selbst nicht so gut läuft. Es geht um eine Art wechselseitiger Versicherung, eine »Einstandsschaft«. Aus diesem Solidaritätsgedanken speisen sich etwa unsere Sozialversicherung und insbesondere die berufsständischen Versorgungswerke von Ärzten, Apothekerinnen und anderen Freiberuflern.

Wo es um Solidarität geht, wird außerdem meist irgendetwas erstritten. Häufig ist es auch beides, Streit und Hilfe zugleich, denken wir an die Streikkassen der Gewerkschaften.

Auf der anderen Seite benutzen wir die Wendung »Ich bin solidarisch mit ...« häufig in Bezug auf Menschen, mit denen wir, wenn überhaupt, bestenfalls nur sehr vermittelt etwas gemeinsam habe. Ich kann Solidarität bekunden mit den Frauen im Iran, mit in China unterdrückten Uiguren, mit dem überfallenen ukrainischen Volk oder mit indigenen Völkern, die ihrer Lebensgrundlagen beraubt werden. Es ist keine Solidarität auf Gegenseitigkeit. Es ist in all diesen Fällen eine Einbahnstraße. Es geht um die ideelle, finanzielle oder auch ganz praktische Unterstützung von Menschen, die in einer misslichen oder auch fürchterlichen Lage sind, aus der sie sich ohne die Solidarität Außenstehender nicht befreien können. Es ist ein Geben ohne unmittelbares Nehmen. Es ist nicht die Zugehörigkeit zu einer festen Merkmalsgruppe, sondern bestenfalls das Gefühl einer ideellen Nähe. Oder auch einfach nur Mitleid. Allerdings gebe ich mit meiner Solidaritätsbekundung immer auch zugleich etwas Distanz auf. Ich mache mich mit dem Anliegen des anderen gemein, was mehr ist als die einfache milde Gabe (oder gar der mittelalterliche Ablasstausch).

Der Solidarität verwandt ist die viel beschworene Gerechtigkeit. Gerechtigkeit ist, anders als Solidarität, kein Wert aus sich heraus. Gerechtigkeit wird vollzogen. Sie definiert sich ex negativo, wie der Lateiner sagt, also aus ihrem Gegenteil heraus. Mut erkennen wir auch ohne Feigheit, Fleiß auch ohne Faulheit. Gerechtigkeit jedoch braucht die Ungerechtigkeit. Gerechtigkeit ist praktisch nichts anderes als die Abwesenheit von Ungerechtigkeit. Gerechtigkeit scheint schon dann zu herrschen, wenn sich niemand ungerecht behandelt fühlt, oder besser: wenn sich niemand beklagt. Salopp formuliert: Gerechtigkeit herrscht, wenn Ruhe herrscht. Und Ruhe herrscht fast immer. Die Erfahrung und das Erleiden von Ungerechtigkeit rufen eher Frust, Lethargie oder Magengeschwüre hervor als den sprichwörtlichen gerechten Zorn.

Wenn Gerechtigkeit vollzogen wird, muss sie sich an irgendetwas außerhalb ihrer selbst orientieren. Meist sind es moralische oder auch emotionale Leitplanken, die sehr weit auseinanderliegen können. Unsere Vorstellungen von Gerechtigkeit erinnern dabei noch sehr an das alttestamentarische »Auge um Auge, Zahn um Zahn«, durchzogen von kleinherziger Vergeltungssucht und Unbarmherzigkeit.

Gerechtigkeit, so die landläufige Vorstellung, hat sich nach Möglichkeit irgendwie in einer Gleichung abzuspielen, in sich gegenüberstehenden Äquivalenten, eine Art ständiger gerechter Tausch. Wir neigen dazu – gerade im Steuerrecht oder in der Sozialpolitik –, erst dann von Gerechtigkeit zu sprechen, wenn wirklich jeder denkbare Fall, jede denkbare Lebenslage bedacht und Leistungen oder Forderungen mindestens auf die zweite Stelle hinter dem Komma berechnet sind. Jegliche Ungenauigkeit wird als ungerecht empfunden. Unser Gerechtigkeitsbegriff ist in den meisten Fällen nicht mehr nur kleinkariert, sondern schon Pepita. Akribisch werden Rentenpunkte vergeben, wird jeder sozialversicherungspflichtige Arbeitstag bewertet, wird gewichtet, mit welcher Punktzahl Zeiten der Ausbildung, der Kindererziehung, des Wehrdienstes oder der Arbeitsuche bewertet werden sollen. Das Einkommenssteuergesetz ist ein Gesetz, das in vielen Paragraphen vor allem Ausnahmen und Besonderheiten regelt, gemäß der Maxime, dass Ungleiches auch ungleich behandelt werden müsse. Und weil irgendwann keiner mehr durchblickt, aber jeder Angst hat, ungerechterweise zu viel Steuern zu bezahlen, sehen wir es mittlerweile als völlig normal an, dass in Deutschland über 100 000 Steuerberater, Steuerbevollmächtigte und Steuerberatungsgesellschaften mit noch einmal zigtausend Beschäftigten ihren Mandanten zu ihrem Recht auf Steuervermeidung verhelfen sollen. Bei Hartz IV regiert die gleiche Kleinkariertheit, nur in umgekehrter Richtung. Eine riesige Verwaltung und ein strenger Sanktionsapparat werden unterhalten, um dafür zu sorgen, dass ja kein Cent zu viel ausgezahlt wird.

Unser Gerechtigkeitsbegriff könnte sich theoretisch genauso gut aus Großmut, Güte und Barmherzigkeit speisen. Nur tut er das nicht. Ganz im Gegenteil. Großmut wird als ungerecht empfunden. Im Matthäus-Evangelium finden wir das Gleichnis von den Arbeitern im Weinberg: Ein Weingutsbesitzer vereinbart am frühen Morgen mit seinen Tagelöhnern einen Lohn von einem Denar für den ganzen Tag. Vormittags heuert er weitere Arbeiter an und gegen Abend noch einmal. Als er sie auszahlt, bekommen alle das Gleiche, jenen einen Denar, ganz unabhängig davon, ob sie eine oder zwölf Stunden für ihn gearbeitet haben. Das führt bei denen, die schon seit dem Morgen bei der Arbeit waren, erwartbar zu Protesten. Der Weinbergbesitzer jedoch erklärt, er tue kein Unrecht. »Oder ist Dein Auge böse, weil ich gut bin?«, fragt er zurück.[24]

Vom Gerechtigkeitsbegriff eines Matthäus-Evangeliums sind wir Welten entfernt mit der Folge, dass Arme in unserer Solidargemeinschaft ideell, politisch und ganz praktisch keinen rechten Platz haben.[25]

Solidarität und Gerechtigkeit auf der einen Seite und Barmherzigkeit auf der anderen schließen sich für die meisten ziemlich rigoros aus. Arbeitsminister Norbert Blüm brachte es schon vor über 30 Jahren auf den Punkt. »In unserem sozialen Sicherungssystem«, schreibt er in einer Publikation seines Ministeriums, »hat Gerechtigkeit wo immer möglich Vorfahrt. Man soll ein Problem nicht mit Barmherzigkeit lösen, wenn es mit Gerechtigkeit gelöst werden kann. Das ist eine Leitformel der Sozialpolitik im Rahmen der sozialen Marktwirtschaft.« Am Beispiel seiner Rentenpolitik führt er aus, wie er das verstehen will: »Rente ist Alterslohn für Lebens-Beitrags-Leistung ... Rente ist kein Gnadenbrot, das staatlich nach Belieben gewährt oder genommen wird. Rente ist ein selbst erarbeiteter ... Anspruch.«[26]

Man tut Norbert Blüm überhaupt kein Unrecht, wenn man auf die Kehrseite seines Gerechtigkeitsbegriffs hinweist. Wer nicht genügend Beitragspunkte abliefert, wer aus dem Schema »guter Verdienst und langjährig versichert« herausfällt, bekommt »gerechterweise« keine soziale Schutzgarantie, keine Solidarität, sondern lediglich ein armenpolitisches Gnadenbrot. Solidarität genießen die Leistungsträger, diejenigen, die etwas leisten oder geleistet haben. Diese – und nur diese – stehen im Fokus unserer Sozialpolitik. Es ist ein Solidaritätsbegriff, der zugleich ausgrenzt, da alle anderen sehen müssen, was für sie abfällt und was man ihnen mit Blick auf das Gebot der Menschenwürde nach unserem Grundgesetz zubilligt. Und es ist eine Mentalität, die bei nüchterner Betrachtung die gesamte Krisenpolitik seit 2020 durchzieht.

Nur wer arbeitet, soll auch essen

»Nur wer arbeitet, soll auch essen.« Mit diesem Bebel-Zitat brachte Franz Müntefering als Fraktionsvorsitzender der SPD 2006 sein Solidaritätsverständnis unmissverständlich zum Ausdruck. Und das nicht etwa auf einer sauerländischen Karnevalsveranstaltung, sondern in einer Fraktionssitzung im Deutschen Bundestag. Und ausgerechnet in einem heftigen Streit mit dem damals populären und inzwischen verstorbenen Parteilinken Ottmar Schreiner, der es wagte, Kritik an den Hartz-Reformen und dem Umgang mit den Arbeitslosen zu üben.[27]

Die SPD zeigt sich seit 1998, als Gerhard Schröder seine Partei nach 16 Jahren Helmut Kohl wieder ins Kanzleramt führte, mit Ausnahme ihrer kurzen Oppositionszeit zwischen 2009 und 2013, durchgängig für die Arbeitsmarkt- und Sozialpolitik dieses Landes verantwortlich.

Und es scheint in der DNA dieser einst aus der Arbeiterbewegung entstandenen Arbeiterpartei zu liegen: Sie kann bis heute mit den armen Erwerbslosen nicht viel anfangen. Sie sind außerhalb ihres sozialpolitischen Spektrums – ein systematischer blinder Fleck, den sie sich mit Union und FDP teilt. Sie ist da im Prinzip nicht besser. Es sind graduelle Unterschiede.

Am Solidaritätsbegriff der Sozialdemokraten konnten sich Armutslobbyisten der letzten Jahrzehnte die Zähne ausbeißen. Die Solidarität umfasste bestenfalls Erwerbstätige. Und selbst an diese Aussage lässt sich mit Blick auf die Absenkung des Rentenniveaus unter SPD-Arbeitsminister Walter Riester (1998 bis 2002), die Heraufsetzung des Renteneintrittsalters durch SPD-Arbeitsminister Franz Müntefering (2005 bis 2007) oder mit Blick auf die jüngste kümmerliche Mindestlohnerhöhung von 12 auf 12,41 Euro ein dickes Fragezeichen heften.

Der IG-Metaller Walter Riester hat als Arbeitsminister der rotgrünen Koalition schon vor der Agenda 2010 nach meinem Dafürhalten armutspolitisch komplett versagt. Als er sein Amt antrat, war die Höhe der Sozialhilfe unter der Ägide des damals zuständigen Gesundheitsministers Horst Seehofer bereits seit Jahren an allen Bedarfen vorbei völlig willkürlich festgesetzt worden. Nicht einmal die steigenden Lebenshaltungskosten wurden aufgefangen. Als Rot-Grün dann im Oktober 1998 übernahm, wurden verschiedene Einschnitte, die die schwarz-gelbe Vorgängerregierung in der Renten- und in der Krankenversicherung vorgenommen hatte, gleich wieder zurückgenommen. Nur die Sozialhilfe interessierte offensichtlich nicht. Sie ließ man weiter vor sich hindümpeln, allen Protesten der Soziallobby zum Trotz.[28] Nichts brachte Riester für die Menschen in Sozialhilfe und Armut auf den Weg.

Dass sein Nachfolger Wolfgang Clement (SPD) bestenfalls Vorurteile und Aversionen für Hartz-IV-Bezieher übrighatte, ist hinlänglich bekannt. Geradezu leidenschaftlich unterstellte er ihnen Sozialbetrug. In einer »Auklärungsschrift« seines Ministeriums prangerte er »Abzocke« und »Selbstbedienungsmentalität« der Leistungsbezieher an und hantierte sogar mit dem Begriff des »Parasiten«.[29][30] Genauso bekannt sind seine unglaublichen Tricksereien und Manipulationen bei der angeblich objektiven und wissenschaftlich fundierten Berechnung der Regelsätze in der Grundsicherung, mit denen er eine neue, bis heute gepflegte Tradition im Arbeitsministerium begründete.[31]

Sein Nachfolger, Franz Müntefering, nun in großer Koalition unter Merkel, machte ebenfalls keinerlei Anstalten, irgendetwas für Hartz-IV-Bezieher zu tun. Ganz im Gegenteil. In bester Clement'-scher Manier kürzte er sogar noch die Leistungen.

Auch Olaf Scholz, Arbeitsminister von 2007 bis 2009, ließ die Armut von Menschen, die Hartz IV oder Sozialhilfe beziehen, offenbar ziemlich kalt. Stattdessen brüstete er sich mit verbesserten Kontrollen bei Krankmeldungen von Leistungsbeziehern und gab einmal mehr den Harten. Härte sei ein Signal an die Arbeitenden, dass »Faulheit und Beschiss« sich nicht rentieren, vertraute er im Herbst 2008 in bester Schröder-Tradition der *taz* an.[32]

Andrea Nahles, die 2010 als oppositionelle SPD-Generalsekretärin noch lautstark eine höhere Stütze einforderte, weil die Zahlen kleingetrickst und frisiert seien, wollte davon drei Jahre später, als sie Arbeitsministerin wurde, auch nichts mehr wissen. Armut gebe es nur in extremen Fällen, teilte sie, ministerial geläutert, mit, etwa bei illegalen Einwanderern oder jüngeren Erwerbsgeminderten.[33] Ansonsten sei da nichts mit Armut. So kümmerte sie sich um den gesetzlichen Mindestlohn und erzählte viel von ihrem Vater, der als Maurer bereits mit 61 aufhören musste, weil der Rücken nicht mehr mitspielte. Heraus kam die abschlagsfreie Rente mit 63, nur für langjährig Versicherte versteht sich, »die ihr Leben lang hart geschuftet haben«, wie sie es gern so kernig ausdrückte.

Die lagen dann auch ihrem Nachfolger Hubertus Heil ganz besonders am Herzen. Wohl kaum jemand, der die Malocher-Rhetorik von den hart arbeitenden Menschen bis heute stärker strapaziert als Heil. Folgt man dieser Rhetorik in seinen vielen Interviews und Talkshow-Auftritten, gehört seine ausgesprochene Solidarität denen, die jeden Tag früh aufstehen, fünf Tage die Woche, die nicht einfach erwerbstätig sind, sondern arbeiten, und zwar hart, wahlweise auch malochen oder schuften, und zwar ihr Leben lang. Heil machte als Arbeitsminister Arbeitsmarktpolitik. Er gab sein Bestes, damit Arbeitslose in Arbeit kommen. Er boxte eine Garantierente für langjährig Versicherte durch. Während der Pandemie gab er sein Bestes, um Arbeitsplätze und auch die sozialen Dienstleistungen in Deutschland abzusichern. So weit ein guter Arbeitsminister. Nur mit auskömmlichen Sozialleistungen für die Menschen mit Hartz-IV- und Altersgrundsicherung-Bezug brauchte man auch ihm nicht kommen. Sollte er doch mal ein offenes Ohr haben, grätschen gleich seine Beamten rein. Während der Pandemie blieben sie knochenhart. Über ein Jahr musste das Virus Deutschland im Griff halten, bis endlich eine kleine Einmalzahlung auf die Grundsicherung aufgeschlagen wurde (s. S. 14 ff.). Als 2022 die Preise für Energie und Lebensmittel explodierten, kam eine zeitnähere Anpassung der Regelsätze erst, nachdem die Armutslobby bereits über ein Jahr Druck gemacht hatte und es politisch und auch verfassungsrechtlich gar nicht mehr anders ging. Während gerade mit Bazooka, Wums und Doppelwums ohne irgendein Zögern dreistellige Milliardenbeträge ausgeschüttet wurden für Tankrabatte, Steuersenkungen, Gaspreisbremse oder Neun-Euro-Tickets, erklärte einem Heils Arbeitsministerium allen Ernstes, eine Erhöhung der Regelsätze für Menschen in Hartz IV oder Altersgrundsicherung käme viel zu teuer. Heil konnte gut mit Hartz-IV-Beziehern umgehen. Er ist ein wirklicher Menschenfänger im besten Sinne, der ideale Politiker, dem Einzelnen zugewandt und mit Herz. Nur: Er ist eben auch durch und durch traditioneller Sozialdemokrat.

Ob Riester, Müntefering, Scholz, Nahles oder Heil: Man konnte bitten, fordern, mahnen oder warnen. Es war nichts zu holen für die Ärmsten. Sie hatten sie einfach nicht auf dem Zettel. Nur das Allernotwendigste, das, was unbedingt gezahlt werden muss, damit das Bundesverfassungsgericht die Regierung nicht wieder zur Ordnung ruft. Man verschanzt sich im zuständigen Arbeitsministerium hinter hoch aufwendigen, hoch komplexen und schon über 30 Jahre alten statistischen Modellen zur Berechnung des Existenzminimums, die unzählige Möglichkeiten der Manipulation bieten und ausschließlich der Legitimation von Ergebnissen dienen, die politisch genehm sind. Niemand weiß das besser als die zuständigen Beamten selbst. Sie wissen auch sehr gut, dass die Hilfebedürftigen mit den von ihnen errechneten Leistungen nicht hinkommen, dass sie Schulden haben und Schulden machen, nicht zuletzt bei den Jobcentern selbst, wenn die Waschmaschine kaputt geht oder eine neue Matratze hermuss. Man weiß sehr wohl, dass zwei Millionen Menschen mittlerweile bei den Tafeln für Lebensmittelspenden anstehen, weil sie sich nicht mehr anders zu helfen wissen. Man weiß auch sehr gut, dass die Beträge für Strom schon lange nicht mehr ausreichen. Trotzdem tut man nichts, um auch diese Menschen mitzunehmen. Man will auch nichts tun dafür. Man hat andere Prioritäten. Es geht um die »hart arbeitenden Menschen«, unsere Leistungsträger. Nur die haben unsere Solidarität.

Vorurteile und Widerspüche

Es ist Mitte Mai 2022, als eine Frau namens Anni einen wütenden Tweet auf Twitter, heute X, loslässt. Sie lebt von Hartz IV und kann einfach nicht mehr. Das Geld reicht vorn und hinten nicht für die 39-jährige alleinerziehende Mutter. Sie habe die Schnauze voll von ihrer Armut und von all den Schubladen, in die sie gesteckt werde. Sie habe die Schnauze voll davon, nicht ernst genommen und nicht gesehen zu werden. Sie outet sich. #IchBinArmutsbetroffen schreibt sie und ermutigt andere, es ihr gleichzutun. Sie sollen sich nicht mehr schämen und verstecken, sondern sich zeigen. Und tatsächlich: Das Hashtag wird zum Renner. Viele tun es Anni gleich und berichten über ihren Alltag in Armut, über all die Härten und Demütigungen, wenn das Geld einfach nicht reicht für einen selbst und die Kinder. Die etablierten Medien werden auf das Hashtag aufmerksam, der *Stern* berichtet,[1] der *Spiegel*,[2] ZDF-heute[3], die ARD-Tagesschau[4], die Tagesthemen ... alle. Sie stürzen sich geradezu auf dieses Outing armer Menschen. Sie stürzen sich auf ihre Schicksale und präsentieren sie einer breiten Öffentlichkeit. Und sie übernehmen dabei die Armutssicht ihrer Protagonistinnen: Nein, ich schlafe nicht unter Brücken, nein, ich bin noch nicht am Verhungern. Aber ich bin arm, kann mir nichts leisten, bin abgehängt, muss zur Tafel und lebe von Resten. Ich bin oft genug verzweifelt und weiß einfach nicht mehr weiter.

Was Jahrzehnte von vielen Journalistinnen und Journalisten vehement ignoriert oder sogar aggressiv bestritten wurde, dass Armut nämlich relativ, aber trotzdem brutal ist,[5] fand plötzlich wegen dieses einen Hashtags und mit all den bewegenden Lebensgeschichten hinter diesem Hashtag seinen Weg in die Leitmedien. Selbst

Die Zeit[6] oder *Die Welt*[7], bis dato eigentlich immer für eine Verleugnung der Armut in Deutschland gut, öffneten sich dem Bild und dem Verständnis von Armut als Ausgrenzung und Kargheit, selbst wenn das Notwenigste zum Überleben noch gegeben sein sollte.

Man hätte denken sollen, es ist geschafft. Wenn Printmedien mit Spitzenauflagen, TV und Hörfunk derart breit dieses alte und nun wieder neue Bild der Armut zeichneten, eine neue Empathie an den Tag legten und wenn sie vor allem Armutsbetroffene endlich selbst zu Wort kommen ließen, fernab vom RTL-Thrash, dann müsste doch auch endlich der Letzte begreifen, dass Armut keine Schande ist und dass Arme keine Asozialen sind.

Doch es kam komplett anders. Tatsächlich brach nämlich im Spätsommer des Jahres geradezu ein Tsunami an Hasstiraden, Vorurteilen und schlichter Armutsfeindlichkeit über das Land herein. Was war passiert? Im Juli hatte Arbeitsminister Hubertus Heil der Öffentlichkeit seine Eckpunkte für das von der Koalition geplante Bürgergeld vorgestellt. Mit Jahresbeginn 2023 sollte es das völlig diskreditierte Hartz IV zumindest im Titel ablösen und damit der SPD endlich ihren Seelenfrieden wiedergeben. Es war bestenfalls ein Reförmchen, was da geplant wurde, wirklich nichts Großes. An der Leistungsbemessung sollte sich im Prinzip nichts ändern. Lediglich ein besserer Mechanismus zum Inflationsausgleich sollte eingezogen werden. Die von den Grünen einst geforderte Erhöhung des Regelsatzes auf 600 Euro, die sich hätte sehen lassen können, war in der Ampel schon lange kein Thema mehr. Einige Regelungen aus der Coronazeit, die sich bewährt hatten, sollten dauerhaft ins Gesetz genommen werden. So sollte das Vermögen in der Regel erst nach zwei Jahren überprüft werden, sofern es eine Grenze von 30 000 für Singles und 60 000 Euro für Paare nicht übersteigt. Man wollte frisch in Hartz IV gefallene Arbeitslose davor bewahren, auf einer überschaubaren Durststrecke ihre wenigen Rücklagen aufbrauchen zu müssen, die sie sich im Laufe ihres Berufslebens zusammengespart hatten. Im Grunde kein echtes Thema, da die allermeisten Menschen mit Hartz IV ohnehin kein Vermögen haben.

Auch bei der Wohnung wollte man ein Jahr warten, bis man bei zu großer oder zu teurer Wohnung die Unterstützung kürzt und Menschen damit zum Auszug zwingt. Um schnell wieder aus Hartz IV herauszukommen, sollten die Arbeitslosen Jobs suchen und keine Wohnungen besichtigen.

Darüber hinaus wurden kleine finanzielle Anreize zu Fort- und Ausbildung und auch bessere anrechnungsfreie Zuverdienstmöglichkeiten in Aussicht gestellt. Das war es dann aber im Wesentlichen auch schon. Eigentlich alles eher Kleinkram, was da unter Bürgergeld firmierte, nichts, worüber sich Ampel und Union grundsätzlich hätten in die Haare bekommen können – hätte man denken sollen.

Die Kampagne

Nun war da aber ein noch ziemlich neuer CDU-Partei- und Fraktionsvorsitzender Friedrich Merz, bemüht, sich als scharfer Oppositionspolitiker zu profilieren und nebenbei zu zeigen, dass er auch als Kanzlerkandidat durchaus eine bessere Wahl gewesen wäre als der Wahlverlierer Armin Laschet und im Zweifelsfall auch als dessen bayerischer Widersacher Markus Söder. Dieser wiederum lief sich zu diesem Zeitpunkt bereits für die bayerische Landtagswahl 2023 warm. Ein explosives Gemisch, das sich prompt entlud.

Auch wenn man mit dem Begriff vorsichtig umgehen sollte: Es war eine echte Kampagne, die da unionsseitig über Monate gegen das Bürgergeld gefahren wurde. Dazu wurden die ohnehin schon kleinstmöglichen Verbesserungen geradezu als ein »Verrat« an der »Leistungsgesellschaft« und der »fleißigen Mitte« hochstilisiert. Es ging der Union darum, Erwerbstätige gegen Bezieher von Hartz IV in Stellung zu bringen und sich als Verbündete der Mehrheitsgesellschaft zu profilieren. Die Wucht, mit der die Union den Keil trieb, war schon außergewöhnlich. Ein ähnlich heftiges Armen-Bashing gab es in der Bundesrepublik bis dahin nur zweimal. Das eine Mal, als es der SPD-Spitze darum ging, ihre Hartz-Reformen durchzuprügeln. Auch sie zog damals alle Register, um Arbeitslose und Arme als arbeitsscheu und außerhalb dieser Gesellschaft stehend zu diffamieren.[8] Gerhard Schröders »Es gibt kein Recht auf Faulheit« ist mittlerweile legendär.

Das andere Mal war 2010, als das Bundesverfassungsgericht die Berechnungsweise der Regelsätze für Hartz IV für verfassungswidrig und realitätsfern erklärt hatte.[9] Was sich damals in Reaktion auf dieses Urteil abspielte, könnte der Unionskampagne von 2022 geradezu als Blaupause gedient haben.

Damals, also 2010, gab Vizekanzler und Außenminister Guido Westerwelle (FDP) den Sound vor. Kaum hatte Verfassungsgerichtspräsident Hans-Jürgen Papier das Urteil verkündet, polterte er los. Die ganze Diskussion um Leistungserhöhungen in Hartz IV habe bereits »sozialistische Züge«.[10] Alle würden nur von den Hartz-IV-Beziehern reden. Keiner schaue mehr auf diejenigen, die das alles bezahlen müssten. Die Mittelschicht sei in Gefahr. Der Leistungsgedanke werde untergraben. Wer dem Volk jedoch »anstrengungslosen Wohlstand« verspreche, lade zu »spätrömischer Dekadenz« ein. »Wer viel leistet, wer morgens aufsteht und arbeiten geht, der muss im Geldbeutel mehr haben als derjenige, der das nicht tut«, sprang der damalige baden-württembergische Ministerpräsident Stefan Mappus wie viele andere dem FDP-Chef bei. Und wie im Herbst 2022 wurde auch damals das ganze denkbare Diffamierungsprogramm gefahren. Die Behauptung, viele hätten mit Hartz IV mehr Einkommen, als wenn sie arbeiten würden, war schon damals eine beliebte Lüge. Monatelang wurde gestritten und mit subtilen Verdächtigungen und dem Hochkochen von Vorurteilen die Stimmung immer mehr angeheizt.[11] Mit Erfolg für Westerwelle und Co. Gerade einmal um fünf Euro wurde der Regelsatz trotz des Einspruchs aus Karlsruhe erhöht.

Nun, im Spätsommer 2022, war es also mal wieder so weit. Und es wurden wortwörtlich dieselben rhetorischen Diffamierungsfiguren gefahren wie zwölf Jahre zuvor. Auch dieselben Falschinformationen wurden wieder verbreitet. Dieses Mal kam der Aufschlag vom bayerischen Ministerpräsidenten Söder in Welt TV. In unter einer Minute schaffte er es, das gesamte Framing seiner Kampagne unterzubringen: die Leistung, die sich nicht mehr lohne, die hart arbeitenden Menschen und in diesem Fall mal eine Münchener Friseurin, die nach den Ampel-Plänen angeblich weniger herausbekäme als Bezieher von Bürgergeld. Von Fleiß ist in diesem Interview die Rede und von denen, die nicht arbeiten und bei denen man ja wohl noch mal nachfragen dürfe ...[12]

So richtig unter die Gürtellinie ging es dann im Herbst 2022. Die Union witterte ihre Chance, die Ampel vorführen zu können. Denn es war klar, dass sie für ihr Bürgergeld schlussendlich auf die Zustimmung des Bundesrates angewiesen war. Merz sah zudem wohl eine neue Möglichkeit, sich als »harter Hund« zu profilieren, nachdem sein Sozialtourismus-Vorwurf an die ukrainischen Flüchtlinge einen Monat zuvor völlig nach hinten losgegangen war.[13] Nun sollten halt die Armen seine Opfer werden.

Auf dem CSU-Parteitag Ende Oktober ließen Söder und Merz es in der Augsburger Messehalle richtig krachen: Sollten die Bürgergeldpläne der Ampel Realität werden, so die Warnung des Gastredners Merz, mache es für eine große Gruppe in diesem Land überhaupt keinen Sinn mehr, sich dem Arbeitsmarkt zur Verfügung zu stellen. Gastgeber Söder sekundierte: Wer arbeiten könne, habe auch Pflichten. Der Saal johlte. Das Bild vom faulen Hartzer hatte mal wieder verfangen. Ohne Skrupel, dafür aber mit umso mehr Chuzpe wurde die Botschaft von nun an auf allen Kanälen unters Volk gebracht. Ob Söder im ZDF-Morgenmagazin oder Jens Spahn in ntv-Frühstart: immer dieselbe Platte, immer die Ach-so-Fleißigen auf der einen Seite und auf der anderen die, bei denen man schon »genau hinschauen« müsse.

Wie bestellt platzierte das Kieler Institut für Weltwirtschaft am 3. November im *Handelsblatt* eine Studie, die die Behauptungen der Union im Nachhinein wissenschaftlich belegen sollte. *Wenn sich Arbeit nicht mehr lohnt* titelte die Zeitung im Vertrauen auf ihre Zuträger.[14] Das Institut hatte verschiedene Haushaltskonstellationen auf Mindestlohnniveau mit dem vermeintlichen Bürgergeldeinkommen verglichen und kam zu dem Schluss, dass in der Mehrzahl der Fälle der Bürgergeldbezug tatsächlich die attraktivere Alternative sei. Noch am gleichen Abend durfte sich CDU-Vize Carsten Linnemann bei Maybrit Illner vor Millionenpublikum echauffieren, den vermeintlich wissenschaftlichen Beleg der Kieler verbreiten und das Bild vom Untergang der Leistungsgesellschaft an die Wand malen. Es war eine Riesenshow, die er da in der Sendung abzog. Linnemanns Glück war, dass kein Sozialrechtler in der Runde saß. So wie Hartz IV gestrickt ist, ist es völlig ausgeschlossen, dass ein Bürgergeld-Bezieher ohne Erwerbseinkommen das Gleiche oder sogar mehr zur Verfügung haben könnte als Menschen mit Erwerbseinkommen. Wer arbeitet, hat immer mehr in der Tasche als der, der es nicht tut. Und so dauerte es denn auch nur zwei Tage, bis das Kieler Institut sein Machwerk wieder zurückzog. Das *Handelsblatt* korrigierte sich in einer Art Faktencheck in eigener Sache: »Arbeit lohnt sich weiterhin.«[15] Linnemann konnte es egal sein. Die Botschaft und die falschen Fakten waren vor größtmöglichem TV-Publikum emotional aufgeladen abgesetzt. Die Korrektur nahm ohnehin kaum einer mehr wahr.

Über Vorurteile

CDU und CSU zeigten sich in ihrer Kampagne von Fakten recht unbeeindruckt. Und sachliche Aufklärung half dagegen genauso wenig wie das mutige #IchBinArmutsbetroffen-Outing und die empathische Berichterstattung darüber. Die Vorurteilsstruktur in der Bevölkerung erwies sich als allemal stärker und sehr widerstandsfähig. Darauf konnte die Union bauen. Fallen nur die richtigen Trigger-Begriffe – Fleiß versus Faulheit, Leistung versus Missbrauch – schnappt das Vorurteil zu. Mit Information und Wahrheit allein lässt sich dieser Automatismus nicht aufbrechen.

Das hängt mit dem Charakter des Vorurteils selbst zusammen. Das Vorurteil ist zu unterscheiden von lockeren hypothetischen Zuschreibungen zu einer Person, ohne die wir im Alltag gar nicht zurechtkämen. Wir fragen eine uns fremde Person in London nach dem Weg und unterstellen ihr erst einmal, dass sie englisch sprechen wird. Wir sehen in einem Restaurant eine Person in schwarzem Anzug und halten sie für den Kellner. Wir treffen beim Besuch einer Kirche auf weitere Personen und halten sie für Andachtsuchende. All das tun wir, ohne lange nachzudenken, fast automatisch. Es sind auf Erfahrung oder auf Informationen beruhende Zuschreibungen, die uns Orientierung und Verhaltenssicherheit geben. Nun kann sich herausstellen, dass die Zuschreibungen falsch waren. Der vermeintlich englischsprechende Londoner entpuppt sich als nur französisch sprechender Franzose, der Kellner als lediglicher Gast, etwas overdressed, und die Gläubigen als Touristengruppe. Dann revidieren wir halt unsere Zuschreibungen. Für die Zukunft haben wir gelernt, dass nicht jeder in London englisch spricht, nicht jeder im schwarzen Anzug ein Kellner ist und nicht jeder Kirchenbesucher Andacht sucht. Alles kein Problem. Trotzdem werden wir es bei unserem nächsten Londonaufenthalt wieder mit Englisch probieren und uns in einer Kirche weiter so verhalten, dass Menschen nicht in ihrer möglichen Andacht gestört werden. Nur beim vermeintlichen Kellner werden wir künftig etwas vorsichtiger sein.

Auch das Vorurteil ist erst einmal vor allem eine Zuschreibung von Eigenschaften oder Verhaltensweisen an eine Person aufgrund eines bestimmten Merkmals. Doch kommt hinzu, dass sie immer negativ und diffamierend ist – das Vorurteil lebt von der Herabwürdigung des anderen – und dass es sich fast immer gegen ausgesprochene Minderheiten richtet – seien es Migrantinnen und Migranten, Menschen dunklerer Hautfarbe, Homosexuelle oder auch Menschen mit Behinderung. Es gibt auch eher positive Zuschreibungen an Minderheiten: Priester sind keusch, Topmanager fleißig, Bänker diskret und Beamte unbestechlich. Doch funktionieren sie in der Regel nicht. Schon das kleinste Gegenbeispiel lässt die pauschale Zuschreibung zugunsten eines realitätsnäheren und differenzierteren Bildes in sich zusammenfallen. Das ist beim Vorurteil völlig anders. Es ist robust und wird auch bei besserem Wissen und anderer Erfahrung nicht einfach revidiert.

Der Grund dafür liegt darin, dass Vorurteile gar nicht so sehr und in erster Linie auf unser Gegenüber zielen, auf das Objekt unserer Vorurteile, sondern vor allem der Aufrechterhaltung und Stabilisierung der eigenen Integrität dienen, des Selbstbildes, ja, der gesamten Persönlichkeitsstruktur. Vorurteile erfüllen eine psychische Funktion. Das ist es, was sie so ungemein widerstandsfähig macht. Sie werden trotz besseren Wissens nicht revidiert und differenziert, weil sie subjektiv vonnöten sind, weil wir sie für unsere eigene Psyche brauchen.

Das Vorurteil schafft nicht nur eine klare Abgrenzung unserer Person von denen, auf die wir unsere Vorurteile projizieren. Es schafft damit zugleich eine vermeintliche Zugehörigkeit, zumindest eine Art Zugehörigkeitsgefühl des Vorverurteilenden zur Mehrheitsgesellschaft. Das Vorurteil dient damit der Stillung eines ganz basalen menschlichen Bedürfnisses: dazuzugehören, einen festen und allgemein geschätzten Platz in dieser Gesellschaft zu haben, wertvoll zu sein.[16]

Wer sich dieser Zugehörigkeit ohnehin sicher ist, benötigt keine Vorurteile, sondern kann sich vorurteilsfrei auf sein Gegenüber einlassen. Je prekärer allerdings die eigene Situation, je größer die Zweifel, je geringer die Gewissheit um die eigene Position und je kleiner das Selbstbewusstsein, umso dringender werden sie zur Kompensation benötigt und umso häufiger und hartnäckiger treten sie in Erscheinung. Es geht somit letztlich gar nicht um den anderen. Der könnte sein, wie er will. Es geht um unser eigenes Selbstbild, ein latentes Minderwertigkeitsgefühl, unsere eigenen verdrängten psychosozialen Ängste und ihre Überwindung.

Das abwertende Vorurteil gegenüber anderen macht uns zum Mitglied der Nicht-Anderen. Je intensiver wir das Vorurteil leben, je offensiver wir es austragen, umso tiefer wird die Kluft zwischen den anderen und dem vermeintlichen »Wir« und umso stärker fühlen wir uns diesem gedachten Wir zugehörig. Je tiefer der Graben, der uns von den anderen trennen soll, umso stärker das Gefühl der Sicherheit und der Höherwertigkeit.

Und wie es mit der menschlichen Psyche so ist: Wenn Fakten unser Selbstbild bedrohen, unsere subjektive Integrität, werden sie im Zweifelsfalle negiert, abgestritten, geleugnet oder auch nur einfach ignoriert oder verdrängt, je nachdem.

Was bei Rassismus, Homophobie und anderen Vorurteilsstörungen sehr offensichtlich ist, ist auch vielfach die Ursache von Armutsfeindlichkeit oder sogar Armenhass.

So war es nur auf den ersten Blick überraschend oder unverständlich, als im Sommer 2022 das Deutsche Institut für Wirtschaftsforschung (DIW) mit einer Studie herauskam, wonach zwei Drittel der Langzeitarbeitslosen selbst der Ansicht waren, viele ihrer Schicksalsgefährten in Hartz IV würden das System ausnutzen, und sich fast die Hälfte dafür schämte, Hartz IV zu beziehen.[17] Man will und kann sich nicht gemein machen.

Erklärbar wird damit auch: Je mehr Armut in einer Gesellschaft herrscht und je tiefer sie sich in die Mittelschicht hineinfrisst, umso größer die Vorurteile gegen die Armen. Und: Je näher wir uns selbst an der Armut befinden, umso eher werden wir diese Vorurteile wider besseren Wissens übernehmen.

Wer politisch also um Zustimmung buhlt, fährt mit einem soliden, auf Vorurteile setzenden Armen-Bashing in der Tat besser als mit der ernsthaften Präsentation von Lösungen für das Armutsproblem und dem Einfordern von Solidarität. So gesehen haben die Unionsparteien in ihrer Anti-Bürgergeld-Kampagne in unserem zum Zynismus neigenden Politbetrieb erst einmal alles richtiggemacht. Nur war es halt zutiefst unanständig und politisch verantwortungslos.

Was aus sozialpsychologischer Sicht gegen Vorurteile und Armenhass schützt, ist soziale Sicherheit. Das beste Mittel gegen Vorurteile wäre eine Politik, die jedem Menschen in dieser Gesellschaft einen würdevollen und wertgeschätzten Platz zukommen ließe und ihm die Angst des Absturzes nähme. In einer gleicheren Gesellschaft, was den Zugriff auf Ressourcen und Privilegien anbelangt, ohne Armut und Ausgrenzung, würde das Vorurteil einen Großteil seines psychischen Nährbodens verlieren. In einer solchen Gesellschaft würden es auch rechtsradikale, rassistische und ausländerfeindliche Strömungen sehr viel schwerer haben, ihre Anhängerschaften zu rekrutieren. Das beste Mittel gegen Vorurteile ist eine gute Sozial- und Verteilungspolitik (s. S. 118 ff.). Doch sind wir davon in Deutschland leider sehr, sehr weit entfernt.

Ein verlorener Kulturkampf

Die Grünen hatten im Wahlkampf 2021 noch couragiert die Abschaffung aller Sanktionen bei Hartz IV gefordert, den Verzicht also auf Leistungskürzungen, wenn jemand zu seinen Terminen im Jobcenter nicht erscheint oder sonst irgendwie seinen Pflichten nicht nachkommt. Sie konnten sich breiter Unterstützung von Gewerkschaften, Sozialverbänden und auch durch die Wissenschaft erfreuen.[18] Gute Gründe für ihr Vorhaben hatten sie genug. Neben Artikel 1 des Grundgesetzes, der unsere Politik auf die Menschenwürde verpflichtet und keine Leistungskürzungen unter das Existenzminimum zulässt, konnten sie darauf verweisen, dass diese Kürzungen viele zwar wortwörtlich ins Elend stürzen, darunter Menschen, die ihre Situation häufig gar nicht überblicken, dass sie auf der anderen Seite aber keine positiven Verhaltensänderungen bewirken. Diese einschlägigen Erfahrungen mit den Sanktionen bei Hartz IV wurden auch wissenschaftlich gestützt.[19] Doch gelang es den Grünen nicht einmal, sich bei ihren Koalitionspartnern durchzusetzen. Lediglich kleinere Entschärfungen der Sanktionspraxis konnten sie ihnen abringen.[20] Die Sanktionen an sich aber blieben. Eigentlich war das Thema damit abgeräumt. Dennoch zog die

Union es unglaublich hoch, baute Pappkameraden und Feindbilder auf. Das Bürgergeld sei der Einstieg in ein bedingungsloses Grundeinkommen, das den Faulen, wieder einmal, in die Karten spiele.[21]

In der Sache war das Nonsens. Die Bürgergeldpläne der Ampel waren von einem bedingungslosen Grundeinkommen für jedermann so weit entfernt wie nur irgendetwas. Auch sind es tatsächlich nur rund drei Prozent der Hilfsbedürftigen mit Hartz-IV-Bezug, denen die Leistungen gekürzt werden, weil sie ihre Termine nicht auf die Reihe bekommen oder sich einem Training verweigern oder einem Jobangebot. Eigentlich eine Petitesse ohne praktische Relevanz. Ein Streit um des Kaisers Bart, könnte man meinen.

Was jedoch losbrach und von der Union heftigst befeuert wurde, war ein echter Kulturkampf, der nicht zufällig an die Kämpfe um die Abschaffung der Prügelstrafe in Schulen oder das Gewaltverbot in der Familie erinnerte.

Was die Grünen und ihre Unterstützer unterschätzt hatten: Die Diskussion um die Sanktionen bei Hartz IV rüttelte offenbar ganz tief an ebenso grundsätzlichen wie verfestigten Vorstellungen zum Umgang mit und dem Verhältnis zu hilfesuchenden Menschen, zum Verhältnis von Klient und Sozialstaat. Welche Rechte gestehen wir Menschen zu, die Hilfe benötigen oder die von uns abhängig sind? Wie viel Augenhöhe und Respekt bringe ich ihnen wirklich entgegen? Wieviel Großmut und Gelassenheit sind wir in der Lage aufzubringen? Es ging um Menschenbilder. Und – noch schwieriger – um nie hinterfragte und nach Meinung der meisten auch nicht hinterfragbare Gepflogenheiten (s. S. 253 ff.).

Die Sanktionsgegner, darunter alles andere als praxisferne Träumer, erhofften sich durch ein Sanktionsverbot einen neuen, einen anderen Geist in den Jobcentern. Hier war und ist zwar viel von Kooperation auf Augenhöhe die Rede, die den Jobcentern restlos ausgelieferten Hilfesuchenden werden sogar sarkastischerweise als »Kundinnen« und »Kunden« tituliert. In der Praxis ist Hartz IV jedoch ein zutiefst misanthropisch geprägtes System, das auf Druck und Strafe setzt.

Das Sanktionssystem bei Hartz IV hat einiges mit der schulischen Prügelstrafe und auch mit dem elterlichen Züchtigungsrecht gemein. Es ist nicht nur die Misanthropie, sondern auch, dass es in erster Linie ein Abschreckungssystem ist. Es waren auch im Klassenzimmer immer dieselben, die gezüchtigt wurden. Zu meiner eigenen Schulzeit reichten die Praktiken noch vom Verprügeln mit dem Rohrstock – was meine Klassenlehrerin häufig und dann auch mit großer Leidenschaft tat, während unser Klassenkamerad, sich auf dem Boden windend, den Schlägen zu entkommen versuchte – über den Schlüsselbund des Mathelehrers, der plötzlich auf einen zusauste, bis hin zum Lateinlehrer, der vermeintliche Störenfriede nach vorne kommen ließ und sie genüsslich und schmerzhaft an den Ohrläppchen nach unten und um seinen Stuhl herum zog und dabei irgendetwas von Kamelen, Morgenland und Karawanen vor sich hin aufsagte.

Es waren im Klassenzimmer immer dieselben, die gezüchtigt wurden. Doch ihr Verhalten änderte man damit nicht. Es war auch gar nicht das Ziel der barbarischen Übung. Es ging um die Einschüchterung aller anderen. Es ging um die beständige Drohkulisse, um das Spiel mit Ängsten. Es ging um Lehrerinnen und Lehrer, die sich ohne ihren Rohrstock hilflos gefühlt hätten, aus Furcht, keine Autorität mehr im Klassenzimmer zu haben und einer Horde renitenter Kinder oder Halbwüchsiger ausgesetzt zu sein. Hier liegen die ganz offenkundigen Parallelen zu Hartz-IV-Sanktionen.

In der Schule gelang es schließlich, wenn auch spät, den Rohrstock zu verbieten. In den meisten Bundesländern wurde Anfang der 1970er-Jahre den Lehrkräften die sogenannte körperliche Züchtigung untersagt. Bis dahin konnten zahllose Generationen von Kindern körperlich misshandelt werden, wenn sie »aus der Rolle fielen«, aus welchen Gründen auch immer. Wo die Prügelstrafe aus dem Unterricht verbannt und schwarze Pädagogik keinen Platz mehr hatte im Klassenzimmer, tat sich der Raum auf für echte, zugewandte, verstehende Pädagogik. Und siehe da. Man brauchte sie gar nicht, die körperliche Gewalt. Es gab Alternativen. Man musste sie als Schulsystem nur erlernen. Doch war auch dies in der Bundesrepublik ein Jahrzehnte währender Kulturkampf, ging es doch um nicht weniger als Jahrhunderte alte Gewohnheiten und Rechte gegenüber den Kindern. Es ging um das Bild vom Kind und von seiner Erziehung. Es ging um das Verbot einer tief in der Gesellschaft verwurzelten »Selbstverständlichkeit«. Genau so war es bei dem Verbot der »körperliche Züchtigung« durch die Eltern im Jahre 2000.

Als Kind hätte ich mir niemals vorstellen können, dass irgendwann einmal in der Schule und in der Familie nicht mehr geschlagen werden darf. Auf der Straße war es eine ganz normale Erscheinung, dass Eltern ihre Kinder schlugen, weil sie »nicht parierten«. Es war fester Bestandteil der scheinbar unumstößlichen Gepflogenheiten Deutschlands der 1960er-Jahre. Es war halt so, schon immer. Und doch gelang es Kinderschützern und fortschrittlichen Pädagoginnen und Pädagogen, diese verkrusteten Strukturen aufzubrechen und den Weg zu einem philanthropischeren Bild vom Kind und zu einer philanthropischeren Erziehung frei zu machen. Und so dürfte auch der Kampf um ein grundlegend besseres, dem Hilfebedürftigen zugewandtes und auf Strafen verzichtendes Hilfesystem trotz der Niederlage der Grünen in der Ampel nicht vorbei sein. Dicke Bretter brauchen Zeit.

Auch der Kampf um mehr Solidarität für die Schwächeren wird noch Zeit brauchen, denn es gilt Vorurteile zu überwinden, misanthropische Haltungen abzuschütteln und kulturelle Blockaden einzureißen. Eine große Aufgabe. Aber es ist leistbar, wie auch der kulturelle Kampf gegen die Prügelstrafe gezeigt hat.

Was nun?

Man könnte es so laufen lassen, wie es läuft. Die Reichen werden immer reicher, die Anzahl der Armen steigt. Lettland, Estland, Spanien oder Italien, so könnte man sich beruhigen, kommen ja auch irgendwie mit ihren Armutsquoten von über 20 Prozent zurecht.[1] Man könnte auf Italien verweisen, wo die ultrarechte Ministerpräsidentin Giorgina Melloni gerade das dortige Bürgergeld weitestgehend abgeschafft hat, oder auf die USA mit ihren Trailerparks, ihren Arbeitsnomaden und ihren Ghettos. Auch sie funktionieren ja irgendwie.

Es gibt aus Sicht der Reichen und Wohlhabenden vordergründig keine zwingenden Argumente für eine Politik der Solidarität. Es gibt bei oberflächlicher Betrachtung keinen zwingenden Grund, alle mitzunehmen; zumindest dann nicht, wenn man ohnehin nicht weiterdenkt als vielleicht 20 oder 30 Jahre. Wer richtig Geld hat, kommt immer und überall zurecht – und wenn auch nur auf Kosten anderer, ein Argument, das meistens ignoriert wird. Man könnte es also einfach so weiterlaufen lassen, unsozial und unsolidarisch. So wie wir es seit Jahrzehnten tun.

Wir können die Abwärtsspirale vorantreiben und uns damit abfinden, dass in diesem Land die Tafeln, sprich öffentliche Armenspeisung, völlig normal werden, so normal wie heute ja auch schon Notunterkünfte für Obdachlose, weil wir nichts Anstößiges mehr daran finden, dass in diesem Sozialstaat nicht jeder eine Wohnung hat. Wir können uns zu einem Land downgraden, in dem Privatschulen und private Universitäten boomen, weil in das öffentliche Bildungssystem kaum noch investiert wird, und zu einem Land, in dem die Armenviertel an den Stadträndern wuchern, weil bezahlbarer Wohnraum in Innenstädten immer weniger wird. Es wäre ein Land, in dem die Reichen sich immer weiter zurückziehen hinter immer höhere Mauern in ihren Nobelvierteln, um sich und ihr Eigentum zu schützen. Es wäre eine Gesellschaft, in der Arm und Reich und all die, die sich irgendwo dazwischen aufhalten, kaum noch Berührungspunkte haben, wenn man einmal davon absieht, dass Ärmere zu Mindestlöhnen die Dienstleistungen für die Wohlhabenderen erbringen, als Bedienung, als Putzhilfe oder als Pizzabote, als diejenigen halt, denen man jovial auf die Schulter klopft und denen man an Weihnachten einen Zehner zusteckt.

Da ginge wahrscheinlich noch was in Sachen Ungleichheit und Ausgrenzung. Die Frage ist: Wollen wir das? Ist das die Gesellschaft, in der wir leben wollen und die wir unseren Kindern hinterlassen wollen? Es ist eine Frage, die letztlich jeder für sich selbst beantworten muss. Aber es wäre schon viel gewonnen, wenn sie überhaupt gestellt würde.

Meine Antwort ist ein klares Nein, aus ethischen, aber auch aus Vernunftgründen.

Es geht um Gleichwürdigkeit

Die gesellschaftliche Entwicklung, die wir in Deutschland seit Jahrzehnten erleben, die fortdauernde soziale Ausgrenzung einer immer größeren Zahl von Menschen, der Ausstoß all derer aus dem gesellschaftlichen Flow, die nicht mithalten können, auf der einen Seite und die schon groteske Überprivilegierung derer, die sich ganz oben auf der Wohlstandsleiter befinden, auf der anderen Seite sind unvereinbar mit einem aufgeklärten Verständnis von Menschenwürde und damit mit Artikel eins unseres Grundgesetzes. Wir pflegen die Eigentümlichkeit, dass wir immer dann, wenn wir Menschenwürde definieren wollen, von Mindeststandards sprechen, etwa so wie von artgerechter Tierhaltung in der Fleischindustrie. Welche Mindestfläche muss eine Haftzelle haben (neun Quadratmeter), um nicht gegen Artikel eins unseres Grundgesetzes zu verstoßen? Oder auch ein Einzelzimmer in einem Pflegeheim (zwölf Quadratmeter)? Was ist das Unerlässliche, das wir einem Geflohenem an gesundheitlicher Versorgung zubilligen müssen? Mit Sozialhilfe und dem späteren Hartz IV haben wir es sogar »geschafft«, Menschenwürde in Euro und Cent zu beziffern: 563 Euro plus Wohnkosten sollen – Stand 2024 – ein Leben absichern, das der Würde des Menschen entspricht, wie es im Gesetz heißt. Menschenwürde als Billigware. Das absolut Notwendigste, Minima, die es einzuhalten gilt. Alles andere wird weitgehend dem freien Spiel der Kräfte auf dem Markt und in der Politik überlassen.

Was sich hier an Verteilungskämpfen abspielt und die im Ergebnis schon bizarre Ungleichheit von Lebensqualitäten, die daraus hervorgeht, mag man als ungerecht empfinden, hat aber nach offizieller Lesart mit Menschenwürde nichts zu tun. Die ist ja durch Mindestsicherungssysteme wie ein Asylbewerberleistungsgesetz oder ein Bürgergeld offiziell allzeit gewahrt. Es ist ein Verständnis von Menschenwürde, das auch für eine Ständegesellschaft taugen würde.

Ich hatte vor einigen Jahren das Glück, auf einem Kongress zwei großartige Vorträge zweier beeindruckender Persönlichkeiten hören zu dürfen. Es war der Arzt und Professor Gerhard Trabert, der von seiner Mainzer Ambulanz für Obdachlose und Menschen ohne Krankenversicherungsschutz berichtete, und es war der ehemalige Leiter des Frankfurter Oswald von Nell-Breuning-Instituts für Wirtschafts- und Gesellschaftsethik, der Jesuitenpater, Theologe und Wirtschaftswissenschaftler Professor Friedhelm Hengsbach, der dort über ethische Probleme unseres Wirtschaftssystems referierte. Trabert sprach über die »Gleichwürdigkeit«[2] der Menschen und beide Redner umrissen ein aufregendes Gegenkonzept zu unserem landläufigen Verständnis von Menschenwürde. Trabert unterstellte zu Recht, dass wir bei der Würde des Menschen mit mindestens zweierlei Maß messen. Was dem einen recht ist, ist dem anderen längst nicht billig. Ungleichwürdigkeit: Wie kann das angehen in einer Gesellschaft, die von sich selbst behauptet, eine im Sinne der Aufklärung egalitäre zu sein? Die Anerkenntnis, dass alle Menschen bei aller Verschiedenheit auch gleich sind, ist die große Errungenschaft der Aufklärung, gleich in ihren Rechten, gleich in ihrer Würde. Niemandes Herrn, niemandes Knecht. Die Anerkennung der Ebenbürtigkeit des anderen ist Voraussetzung einer jeden demokratischen Gesellschaft.

»Jeder Mensch ist meinesgleichen«, konstatierte auch Friedhelm Hengsbach. Die Gleichheitsvermutung sei für eine demokratische und gerechte Gesellschaft zwingend. Sie meint, in Hengsbach Worten, »dass die Mitglieder einer egalitären Gesellschaft sich wechselseitig das gleiche Recht zugestehen, als Gleicher anerkannt und behandelt zu werden«[3]. Was daraus resultiert, ist für Hengsbach ein Recht auf Rechtfertigung für all diejenigen, die unterprivilegiert sind, denen weniger zuteilwird, die ausgegrenzt sind. Zu rechtfertigen haben sich die Privilegierten, die, die mehr haben, denen alles offensteht. Sie sind in der Pflicht, ihre Privilegien zu begründen.

Von einem solch aufgeklärten Standpunkt aus geht es dann nicht mehr darum, dass sich Hilfebedürftige und Unterprivilegierte bedanken müssten für das, was wir ihnen im Namen der Menschenwürde an Mindestleistungen zukommen lassen – eine heute weitverbreitete Einstellung –, sondern darum, dass diejenigen sich zu erklären haben, denen es besser geht. Die Gleichwürdigkeit aller Menschen vorausgesetzt, ist es die Mehrheitsgesellschaft und sind es vor allem die Überprivilegierten, die zu erklären haben, weshalb sie etwa Kindern mit Behinderung ein inklusives Bildungssystem vorenthalten, warum sie jedes fünfte Kind in Armut oder Obdachlose ohne Wohnung lassen. Es sind die Überprivilegierten, die sich zu erklären haben, wenn sie das Mehrfache eines Durchschnittsgehaltes »verdienen« oder wenn sie das Vielfache an Vermögen ihr Eigen nennen. Die Leistungsentschuldigung, die es in unserer vermeintlich sozialen Marktwirtschaft lange Jahrzehnte richten sollte, ist längst zur offenen Leistungslüge verkommen genauso wie das Aufstiegsversprechen, das es uns leichter machen sollte, Ungerechtigkeiten hinzunehmen in der Aussicht, doch vielleicht selbst einmal ganz vorn am Trog zu stehen. Es kann nicht ernsthaft von Leistungsgerechtigkeit gesprochen werden in einer Gesellschaft, in der mittlerweile mehr als die Hälfte aller Vermögen geerbt wurden, in der das Vorstandsmitglied eines DAX-Unternehmens mit durchschnittlich 3,3 Millionen Euro Jahreseinkommen 38-mal so viel kassiert wie seine Angestellten oder in der der Vorstandsvorsitzende unserer Deutschen Bahn zuletzt mit 1,2 Millionen Euro nach Hause gehen durfte, während seine Zugbegleiterinnen und Zugbegleiter gerade einmal 35 000 Euro im Jahr verdienten, und in der der Mindestlohn nicht einmal so hoch ist, dass es später für eine auskömmlicher Rente reichen würde. Nur 21 Prozent aller Kinder aus Nicht-Akademiker-Haushalten, aber 74 Prozent aller Akademiker-Kinder beginnen später einmal ein Studium. In Deutschland hängt der Bildungserfolg als Grundlage für den möglichen beruflichen und wirtschaftlichen Erfolg nach wie vor ganz erheblich von der sozialen Herkunft ab.[4] Von sozialer Mobilität kann also beim besten Willen keine Rede sein. Und erst recht nicht von Gleichwürdigkeit. Deutschland hat allen Versprechen zum Trotz ganz faktisch Züge einer auf Ungleichheit beruhenden Ständegesellschaft, in der vor allem die Pfründe der Privilegierten gesichert werden. In einer aufgeklärten Gesellschaft ist dies schlechterdings nicht verzeihlich.

Mehr Gleichheit ist gut für alle

Erzwungene Ressourcenungleichheit ist nicht nur ethisch fragwürdig. Ein hohes Maß an Ungleichheit ist darüber hinaus schlicht unklug. Jede Schlacht, die die Reichen in ihrem permanenten Verteilungskampf gewinnen, kommt einem kleinen Pyrrhussieg gleich. Sie gewinnen nicht wirklich, zumindest dann nicht, wenn man Lebensqualität nicht allein am Stand des Bankkontos bemisst. Es ist vor allem der englischen Gesundheitswissenschaftlerin Kate Pickett und ihrem Kollegen Richard Wilkinson zu verdanken, dass wir seit nunmehr über zehn Jahren gesicherte Erkenntnis darüber haben, dass dem so ist, und hinreichend plausible Erklärungen, warum es so ist. In ihrem beeindruckend akribischen Werk *Gleichheit ist Glück – warum gerechte Gesellschaften für alle besser sind* liegt die Betonung auf dem Wort »alle«.[5] Anhand einer Fülle empirischer Studien legt das Autoren-Duo darin dar, wie Ungleichheit und Armut Probleme wie Drogenmissbrauch, psychische Erkrankungen, Übergewichtigkeit, Gewalt und Kriminalität befördern und auf das Bildungsniveau und die durchschnittliche Lebenserwartung einer Gesellschaft drücken.

»Kalter Kaffee«, könnte man einwerfen. Dass arme Menschen meist einen schlechteren Bildungsstand haben und den auch an ihre Kinder »vererben«, dass sie kränker sind und auch früher sterben als wohlhabende Menschen, ist hinreichend bekannt. Doch bleiben Pickett und Wilkinson nicht dabei stehen. Sie belegen akribisch, dass massive Ungleichheit nicht nur die unteren Einkommensschichten belastet, sondern tatsächlich schlecht für alle ist, auch für die, die sich in Sicherheit wähnen und es vordergründig ja auch sind. So hat der Reiche, gemessen an den Armen in der Gesellschaft, in der er lebt, zwar weniger gesundheitliche und andere Probleme und eine höhere Lebenserwartung. Vergleichen wir jedoch Reiche in sehr ungleichen Gesellschaften mit Reichen in eher gleicheren Gesellschaften, schneiden Letztere besser ab.[6] Und es ist nicht nur die Lebenserwartung. Es geht auch um psychische Erkrankungen und um das Bildungsniveau. Mehr Gleichheit tut nicht nur den Armen, sondern allen, zumindest aber der großen Mehrheit, gut.[7]

Für dieses erstaunliche empirische Phänomen liefern Pikett und Wilkinson auch gleich eine vor allem aus der Psychologie gestützte Erklärung. In Gesellschaften mit großer oder sogar extremer Ungleichheit haben Statusfragen ein ungleich höheres Gewicht als in egalitäreren Gesellschaften. Der gesellschaftliche Status, seine Merkmale und seine Symbole bekommen eine häufig alles überragende Bedeutung für die Einschätzung durch andere, aber auch für das Selbstbild und die Wertschätzung, die wir uns selbst gegenüber aufbringen. Entsprechend steigt auch die Angst vor Statusverlust, vor dem Verlust der so wichtigen Statussymbole, vor gesellschaftlichem Abstieg oder auch nur davor, in seiner Peergroup nicht mehr mithalten zu können. Große Verteilungsungleichheit befördert Statuskonkurrenz und soziale Abstiegsängste.[8] Und zwar in allen gesellschaftlichen Gruppen. Es sind nicht immer Existenzängste, aber doch soziale Abstiegsängste, die ganz oben, wo die Statussymbolik mit extremem Luxuskonsum einhergeht, noch ausgeprägter und quälender sein können als in der Mitte der Gesellschaft. Der Einzelne muss sich Konkurrenzstrategien aneignen, um mit seinen mindestens latenten Abstiegs- und Versagensängsten umzugehen und um sich zu schützen. Dass dabei echte Beziehungsfähigkeit leiden oder sogar auf der Strecke bleiben muss, ist die kaum ausweichliche Konsequenz.

So überrascht auch ein weiterer empirische Befund nicht: dass nämlich ein hohes Maß an Ungleichheit letztlich das Vertrauen der Menschen zueinander untergräbt.[9] Je stärker die Ungleichverteilung in einer Gesellschaft, umso geringer das Vertrauen ihrer Mitglieder zueinander – mit allen sozialen Konsequenzen. Es macht für das soziale Klima in einer Gesellschaft einen maßgeblichen Unterschied, ob die Menschen das Gefühl haben, vertrauensvoll aufeinander zu- und miteinander umgehen zu können, und dies auch tun, oder ob sie meinen, sich voreinander in Acht nehmen und schützen zu müssen. Dabei geht es nicht nur um das Lebensgefühl. Vertrauen ist auch die Grundlage einer jeden guten sozialen Kooperation und diese wiederum die Grundlage einer gedeihlichen, funktionierenden Gesellschaft. Ungleichheit unterminiert die Funktionsfähigkeit einer Gesellschaft.

Deutschland ist alles andere als ein zu einer ausgewogenen Verteilung von Einkommen und Vermögen neigendes Land. Ganz im Gegenteil. Die Spannbreite bei den Einkommen ist sehr groß und geradezu extrem ist die Ungleichheit in der Vermögensverteilung. Eine gängige wissenschaftliche Methode, Verteilungsungleichheit zwischen verschiedenen Ländern vergleichbar zu machen, ist die Berechnung des sogenannten Gini-Koeffizienten, benannt nach dem italienischen Statistiker Corrado Gini. Diese Kennzahl kann zwischen null und eins liegen. Eins wäre das Ergebnis, wenn eine einzige Person über das gesamte Volkseinkommen oder -vermögen verfügen würde, äußerste Ungleichheit also. Null hieße, dass das Einkommen oder Vermögen völlig gleichmäßig über alle verteilt wäre. Absolute Gleichheit.

Daran gemessen liegt Deutschland beim Einkommen im EU-Vergleich mit 0,29 gerade einmal auf Platz 14 der 27 EU-Staaten. Am besten sind die Slowakei und Slowenien mit Werten von 0,21 und 0,23 aufgestellt. Aber auch Länder wie die Niederlande, Österreich, Polen, Ungarn, Belgien oder Schweden liegen noch deutlich vor Deutschland.[10] Und die Einkommensungleichheit in Deutschland wächst. Seit 1991, als der Koeffizient noch bei 0,25 lag, beobachten wir einen klaren Aufwärtstrend.[11]

Neben dem Einkommen ist jedoch vor allem die Vermögensverteilung ein wichtiger Indikator für Gleichheit oder Ungleichheit. Was das Vermögen anbelangt, gibt es kaum einen Staat in der EU mit einer stärkeren Ungleichverteilung. 316 500 Euro Nettovermögen entfiel laut Bundebank 2021 auf jeden Haushalt in Deutschland. Während die reichsten fünf Prozent jeweils über eine Million Euro ihr Eigen nannten, waren es bei den ärmsten fünf Prozent 700 Euro Schulden.[12]

Nach Berechnungen des DIW verfügen die reichsten ein Prozent in der Bevölkerung, die Reichsten der Reichen sozusagen, über mehr als ein Drittel des gesamten Vermögens in Deutschland, die reichsten zehn Prozent über gute zwei Drittel.[13] Die Forscher des DIW stützen sich für diese Berechnungen nicht nur auf ihre eigene Datenbank, sondern werteten auch die »Reichenliste« des *manager magazin* aus, sprich die Liste der 700 reichsten Deutschen mit Wohnsitz in Deutschland.

Im Ergebnis mussten sie den Gini-Koeffizienten für die Vermögensungleichheit, der bis dato bei ohnehin schon exorbitant hohen

0,78 taxiert wurde, auf 0,83 nach oben korrigieren. Im internationalen Vergleich, den die Credit Suisse jedes Jahr in ihrem Global Wealth Report für 164 Staaten vorlegt, hätte Deutschland mit diesem Koeffizienten im Ranking ganz unten mitgespielt. Gerade einmal 26 der 164 Länder hatten eine noch größere Vermögensungleichheit. Das Schlusslicht bildet der afrikanischen Staat Lesotho mit 0,91. Davor mit 0,89 Sambia, das südamerikanische Suriname und das südostasiatische Brunei. Weit weg liegt Deutschland von Staaten wie der Slowakei – mit einen Gini-Koeffizienten von nur 0,51 der Spitzenreiter, was eine ausgewogene Vermögensverteilung angeht – oder Belgien (0,6), Japan (0,65), Island (0,65), Italien (0,68) Ungarn (0,68) und Griechenland (0,68).[14]

Nicht nur für ausgesprochene Ethiker, sondern auch für moralisch eher anspruchslosere Zeitgenossen gibt es also Grund genug, sich auf die Tugend des solidarischen Miteinanders zu besinnen, Grund genug, sich für eine Gesellschaft stark zu machen, die mehr Zusammenhalt zeigt als unsere aktuell, mehr Zugewandtheit und echte Solidarität mit all denen, die sie brauchen. Es gibt Grund genug, die Privilegien unserer Überprivilegierten zu hinterfragen und zu korrigieren, gleich, ob es sich um das ungeheure und zunehmende Einkommensgefälle in Deutschland handelt, um die geradezu obszöne Anhäufung von Vermögen oder auch nur um unsere Mehr-Klassen-Altersversorgung mit ihren großen Unterschieden zwischen Politikern, Beamten und Mitgliedern der gesetzlichen Rentenversicherung.

Wir wissen, was zu tun wäre

Wer eine Gesellschaft zusammenhalten will, muss ganz unten anpacken, da, wo sie wirklich wegbricht, und darf nicht wahllos Steuergeschenke verteilen, wie die Ampel in den Krisenjahren. Wenn in die Mitte dieser Gesellschaft soziale Abstiegsängste einziehen, dann auch, weil viele Menschen ihren gewohnten, mit Blick auf

»die da oben« ohnehin bescheidenen Lebensstandard nicht mehr halten können, weil sie Abstriche machen oder auf das eine oder andere auch ganz verzichten müssen. Was aber vor allem Angst macht, ist das Wissen, dass sie bei einem echten Absturz kaum etwas auffängt. Nach einem Jahr Arbeitslosigkeit ist in der Regel Schluss mit Arbeitslosengeld I. Dann kommt Hartz IV oder auch gar nichts. Reicht die Rente nicht, weil man nie genug verdient und auch keine 40 Versicherungsjahre als Voraussetzung für eine Grundrente zusammenbekommen hat, bleiben nur noch die Kinder oder der Gang zum Sozialamt – und zwar lebenslänglich.

Wer der Mitte der Gesellschaft das Gefühl sozialer Sicherheit wiedergeben will, muss den Menschen die Gewissheit geben, dass sie auch im Falle eines Schicksalsschlages, bei einer Langzeiterkrankung, einer Behinderung, einer Pflegebedürftigkeit oder schlicht im Alter oder bei Arbeitslosigkeit nicht in die Armut fallen. Das System sozialer Sicherung muss von unten her stabilisiert werden, wenn man Ängste nehmen will. Es geht dann vordringlich um Hartz IV und die Altersgrundsicherung, um das BAföG und das Wohngeld. Denn das sind die Sozialleistungen, die eigentlich vor der Armut schützen sollen, wenn die vorlagerten Systeme wie Arbeitslosengeld I oder Rente es nicht vermögen.

Das letzte Netz straffen

Statt in der Sache absurde Diskussionen über den Abstand zwischen Löhnen und Bürgergeld zu führen, müsste es erst einmal darum gehen, das Bürgergeld armutsfest zu machen. Wenn über zwei Millionen Menschen regelmäßig bei den Tafeln für Lebensmittelspenden anstehen, sollte das eigentlich Beleg genug sein, dass allen spitzfindigen Berechnungen aus dem Armutsministerium zum Trotz Hartz IV einfach nicht existenzdeckend ist. Mit 3,80 Euro am Tag bekommt man kein Kind ernährt und für 7 Euro auch keine Monatspackung Windeln. 2,50 Euro für den Friseurbesuch sind genauso ein schlechter Witz wie die 2,50 Euro im Monat, die man Jugendlichen für den Besuch von Kulturveranstaltungen zubilligt. Und mit 45,70 Euro zugebilligten Stromkosten dürfte man zum Ende des Monats im Dunkeln sitzen.

Wie die Forschungsstelle des Paritätischen vorrechnete, müsste der Regelsatz für Hartz IV und Altersgrundsicherung um 44 Prozent angehoben werden, wenn man bei seiner Herleitung auf alle statischen Tricks verzichten würde. Nicht 563 Euro, sondern 813 Euro wären dann Stand 2024 monatlich auszuzahlen.[15]

Haushaltspolitisch wären existenzsichernde Regelsätze gar keine so große Sache. Beim derzeitigen Stand von etwa sieben Millionen Grundsicherungsbeziehenden ginge es um schätzungsweise 15 bis 20 Milliarden Euro Mehrausgaben.[16] Die Zahl der Einkommensarmen in der amtlichen Statistik würde jedoch schlagartig von derzeit 17 Prozent gegen null sinken. Anders ausgedrückt: Mit einem Betrag zwischen 15 und 20 Milliarden Euro wären wir in der Lage, Einkommensarmut in Deutschland weitestgehend abzuschaffen. Das wären rund ein Prozent unserer öffentlichen Ausgaben oder vier bis fünf Promille unseres Bruttoinlandsprodukts. Im Grunde ein Schnäppchen. Es ist in etwa die Summe, die die Ampel 2022 ohne Zaudern für den Ausgleich der kalten Progression in der Einkommensteuer angesetzt hat, wovon vornehmlich Besserverdiener profitierten (s. S. 26 ff.). Es ginge also durchaus. Nur will oder traut sich in der Regierung offenbar keiner, die Armut in Deutschland zu beseitigen.

Analog zum Regelsatz wäre auch das BAföG anzupassen, das auch nach der letzten Reform noch immer hoffnungslos unter dem Existenzminimum liegt.[17]

Gerechten Mindestlohn schaffen

Wenn das letzte Netz sozialer Sicherung – die Grundsicherung und das BAföG – wieder so fest gespannt ist, dass es tatsächlich vor Armut schützt, muss auch der Mindestlohn überprüft werden. Nicht nur, damit auch diejenigen ihre Ruhe finden, die stets um den Lohnabstand und die Arbeitsmoral der Erwerbstätigen bangen, sondern vor allem, um dafür zu sorgen, dass Menschen von ihrer Arbeit ordentlich leben können, und um unsere öffentlichen Kassen von Sozialtransfers zu entlasten, die überflüssig wären, wenn die Menschen für ihre Arbeit ordentlich bezahlt würden. Ein gesetzlicher Mindestlohn von 12,41 Euro 2024 und 12,82 Euro 2025 wird dem nicht gerecht, vor allem dann, wenn noch Kinder mitversorgt werden müssen. Auch vermag er es nicht, später einmal eine auskömmliche Rente sicherzustellen. Eine Anfrage der Linksfraktion im Bundestag brachte 2023 ans Licht, dass selbst nach 45 Jahren Vollzeiterwerbstätigkeit der Mindestlohn in den zehn größten deutschen Städten keine Rente oberhalb des Altersgrundsicherungsniveaus sicherstellt. Sprich: Sollten nicht noch andere Einkommensquellen vorhanden sein, bliebe trotz eines vollen Arbeitslebens nur der Gang zum Sozialamt. Es ist von Stadt zu Stadt immer etwas anders, da in der Altersgrundsicherung auch die Wohnkosten übernommen werden, die regional stark abweichen können. Um dem Gang zum Sozialamt zu entkommen, bräuchte es in Leipzig einen Mindestlohn von 12,72 Euro. In allen anderen Städten von Berlin über Köln, Hamburg oder Stuttgart bis Essen oder Düsseldorf müsste der Mindestlohn bereits bei über 14 Euro liegen. Spitzenreiter ist München. Hier sind es 16,14 Euro.[18] Die Forderung von Ver.di oder der Linken nach einer Erhöhung des Mindestlohns auf 14 Euro kann man vor diesem Hintergrund nicht anders als noch sehr maßvoll bezeichnen.[19]

Bürgerversicherung schaffen

Kaum etwas versetzt die Menschen mehr in soziale Abstiegsangst als der Gedanke, dass es im Alter einmal nicht reichen wird für einen sorgenfreien Lebensabend. Die Rente ist gefühlt das Herzstück unseres Sozialstaates. Politikern wie dem langjährigen CDU-Arbeits- und Sozialminister Norbert Blüm war das noch klar. »Die Rente ist sicher« – dies wurde er gegen alle Skepsis nicht müde zu verkünden. Dieses Statement wurde zu seinem Markenzeichen. Er wusste, dass die Akzeptanz unserer Demokratie eng mit der Leistungsfähigkeit unseres Sozialstaates verknüpft war und ist. Wer als Politiker die Menschen in der Rentenfrage verunsichert, verliert sie. Genau so erging es der SPD, als sie nach der Jahrtausendwende unter Kanzler Schröder und Arbeitsminister Walter Riester das Rentenniveau auf Talfahrt schickte und den Leuten erklärte, sie täten besser daran, bei Allianz und Co. eine private Riesterrente abzuschließen. Heute sind wir sogar so weit, dass mit der Rente an der Börse spekuliert werden soll. Inspiriert durch das schwedische Modell will die Ampelkoalition in den nächsten 15 Jahren allen Ernstes einen Fonds von 150 Milliarden Euro aufbauen, der in Aktien investieren soll, um die Rentenkasse zu entlasten. Der kleine Unterschied: Die Schweden finanzieren ihren Fonds wesentlich mit den Einnahmen aus der staatlichen Ölförderung. Unsere Ampel will die zehn Milliarden jährlich über Darlehen finanzieren. Es ist eine gigantische Wette. Dass nämlich die Spekulationsgewinne so exorbitant sind, das damit sowohl die Darlehenszinsen gezahlt als auch die Rentenbeiträge entlastet werden können. Alles auf eine Karte setzen. Vertrauen in die Renten, in den Sozialstaat und in unsere Politik lässt sich mit derartiger Spielermentalität mit Sicherheit nicht schaffen, vor allem nicht in einem Land, in dem die meisten ohnehin kein Vertrauen in Aktien haben.

Die Ausrede, weshalb man sich in solche Zockerei flüchten müsse: Die demografische Entwicklung hebe unser umlagefinanziertes Rentensystem über kurz oder lang aus den Angeln. Mit immer mehr Rentnerinnen und Rentnern und immer weniger Beitragszahlern sei die Rente ohne die erhofften Börsengewinne auf Dauer nicht mehr finanzierbar. Zu einem solchen Schluss kann man freilich nur kommen, wenn man die Architektur der gesetzlichen Rentenversicherung wie in Stein gemeißelt nimmt und ihr jegliches Reformpotenzial abspricht, sei es aus politischer Mutlosigkeit oder einfach interessengeleitet. Denn auch für die gesetzliche Rente gilt: Wir wissen durchaus, wie wir sie reformieren müssten, um sie zukunfts- und armutsfest zu machen. Das Konzept liegt auf dem Tisch und heißt Bürgerversicherung.[20] Alle zahlen ein, ohne Ausnahme. Keine separaten Versorgungssysteme mehr für Beamte, Politiker und Freiberufler wie Ärzte, Apothekerinnen, Architekten oder Rechtsanwältinnen. Eine gemeinsame Rentenversicherung mit einem gemeinsamen Rentenniveau. Das würde als gerecht empfunden und wäre haushälterisch nur vernünftig.

Der Beitrag zur Bürgerversicherung würde nicht wie derzeit nur am Arbeitseinkommen bemessen. Alle Einkünfte werden herangezogen, auch Kapitaleinkünfte, Mieteinnahmen und was auch immer. Die sogenannte Beitragsbemessungsgrenze wäre abzuschaffen, die Grenze also, ab der das individuelle Einkommen bei der Beitragsbemessung völlig außen vor bleibt. Sie hat den Effekt, dass ein Spitzenverdiener faktisch einen weit geringeren Beitragssatz hat als ein Normal- oder Geringverdiener. Mit Auflösung der Beitragsbemessungsgrenze würde die Basis zur Finanzierung der Renten massiv verbreitert werden.

Der Dauereinwand, dass den Spitzenverdienern dann aber auch eine wesentlich höhere Rente gezahlt werden muss, ist nicht falsch, lässt aber außer Acht, dass man auch das ändern kann. Auch das sogenannte Äquivalenzprinzip unserer Rentenversicherung, wonach sich die Rentenhöhe streng an den gezahlten Beiträgen orientiert, ist nicht in Stein gemeißelt. Nichts spricht dagegen, neben das Äquivalenzprinzip das Solidarprinzip zu stellen. Sprich: Es wird eine Rentenobergrenze definiert, ab der die Ausrichtung an den Beiträgen abgeflacht und schließlich ganz gekappt wird. Es würde bei sehr hohen Einkommen halt nicht mehr jeder Beitragseuro mit einem Rentenpunkt ausgeglichen. Das wäre ein solidarischer Einstand der Reichen mit den Armen auch in der Alterssicherung.

Das Prinzip der Bürgerversicherung »Alle Bürgerinnen und Bürger mit allen Einnahmen in eine Kasse« wäre auch auf die Pflegeversicherung zu übertragen, um endlich bedarfsgerechte Leistungen gewähren zu können und Pflegebedürftige nicht scharenweise in die Sozialhilfeabhängigkeit zu treiben.[21]

Mieter schützen

Damit nicht alles wieder durch steigende Miet- und Mietnebenkosten »aufgefressen« wird, wäre nicht nur das Wohngeld nachzubessern. Auch wären regulierende Eingriffe in den Wohnungsmarkt unabdingbar.

Unsere Probleme auf dem Wohnungsmarkt haben sich mittlerweile zur sozialen Frage schlechthin entwickelt. Die Menschen nehmen wahr, wie um sie herum mit Boden und Wohnraum spekuliert wird, wie Mieter und Mieterinnen ihre angestammten Wohnungen verlieren, weil sie irgendwann die Miete nicht mehr aufbringen können. Sie bekommen mit, wie ärmere Bevölkerungsschichten aus gefragten Stadtteilen vertrieben werden, weil Investoren die Wohnungen für einkommensstärkere Mieter herrichten wollen. Sie sehen, wie plötzlich der kleine Einkaufsladen oder die Wäscherei verschwindet oder auch die Stammkneipe zumacht. Hautnah spüren sie die Explosion der Heizkosten, spätestens mit der Nachzahlung, und fragen sich, wo sie im Alltag noch sparen sollen, um die Wohnkosten zu stemmen, und wie lange sie es wohl noch durchhalten. Nach einer Studie im Auftrag des Deutschen Mieterbundes mussten 2022 3,1 Millionen der 21 Millionen Mieterhaushalte 40 Prozent und mehr ihres Einkommens nur für Miete und Heizung aufbringen.[22] Auch das Statistische Bundesamt kommt auf 16 Prozent »überlasteter« Mieterhaushalte.[23] Bei ärmeren Haushalten zählt es sogar 36 Prozent.[24]

Mit der letzten Wohngeldreform 2022 hat die Ampel zwar einen wichtigen Schritt getan. Sie ist geeignet, den Kreis der Wohngeldberechtigten von derzeit rund 600 000 Haushalten auf zwei Millionen auszuweiten. Das ist gut so. Nur werden damit weitere zwei Millionen Haushalte, deren Einkommen unter der Armutsschwelle, aber über Hartz IV-Niveau liegt, noch immer nicht erreicht. Es muss also dringend nachgebessert werden. Doch selbst, wenn die Bundesregierung dies täte, würde das Wohngeld niemals eine ansonsten schlechte Wohnungs- und Mietenpolitik kompensieren können.

Unsere Wohnungs- und Mietenmisere ist das Ergebnis einer seit Jahrzehnten verfehlten Politik, bei der sich der Staat in blindem Glauben an den Markt immer weiter aus dem Geschehen zurückzog, seinen Wohnungsbestand versilberte und das Feld zunehmend Großinvestoren und Aktiengesellschaften überließ. Der soziale Wohnungsbau wurde zur Ländersache erklärt und rigoros zurückgefahren, die Wohnungsgemeinnützigkeit wurde abgeschafft und beim Mieterschutz reichte es zu nicht mehr als hin und wieder etwas Halbgarem, das die Einkommensschwächeren nicht wirklich schützt, wie die Statistiken zeigen. Man wollte ja keine Investoren vergraulen.

Es fehlen in Deutschland derzeit rund 700 000 Wohnungen, vor allem bezahlbare und insbesondere Sozialwohnungen. Der ohnehin hinter alle politische Zielmarken zurückgefallene Wohnungsneubau hilft dabei wenig, wenn gerade einmal nur jede zehnte dieser neuen Wohnungen bezahlbar ist. Um dem Bedarf wenigstens annähernd gerecht zu werden, müsste der Bestand an Sozialwohnungen bis 2030 von derzeit 1,1 Millionen auf mindestens 2 Millionen aufgestockt werden. Das heißt, es müssten jedes Jahr 100 000 Sozialwohnungen entstehen. Hinzu kommen müssten 75 000 Wohnungen aus dem Bestand, die in Sozialwohnungen umzuwandeln wären, wie Experten empfehlen. Insgesamt würde ein Finanzvolumen von 13 Milliarden Euro von Bund und Ländern benötigt, wovon wir derzeit sehr weit entfernt sind.[25]

Es müsste alles darangesetzt werden, um nach dem großen Ausverkauf den Bestand an öffentlichen Wohnungen wieder zu erhöhen. Dabei sollte auch nicht davor zurückgeschreckt werden, wo immer sinnvoll und machbar, von Artikel 15 des Grundgesetzes Gebrauch zu machen und große Wohnungsgesellschaften wie die

Deutsche Wohnen AG zu vergesellschaften. Die 1990 abgeschaffte Wohnungsgemeinnützigkeit wäre wiedereinzuführen. Sprich: Analog zur Gemeinnützigkeit im Sozialen gäbe es Zuschüsse und Steuervergünstigungen für diejenigen Bauträger, die auf private Gewinnentnahmen und unangemessene Vergütungen ihres Leitungspersonals verzichten. Es wäre ein echter Paradigmenwechsel weg von einer neoliberal eingefärbten Wohnungspolitik, der auch ein kommunales Vorkaufsrecht für Kommunen und gemeinnützige Baugesellschaften bei Grund und Boden zur logischen Konsequenz hätte.

Doch wird Bauen allein auch nicht helfen. Wohnungs- und Mietenpolitik müssen Hand in Hand gehen. Wir brauchen schnellstmöglich eine Entlastung der Mieterinnen und Mieter durch einen einstweiligen Mietenstopp. Das Land Berlin hat 2020 mit seinem Mietendeckel gezeigt, dass es geht und wie es geht. Da das Bundesverfassungsgericht 2021 jedoch feststellte, dass es nicht in der Kompetenz eines einzelnen Bundeslandes liegt, derartige Maßnahmen ohne Bundesgesetz zu ergreifen, ist die Bundesregierung in der Pflicht, den Ländern den Weg schnellstmöglich freizumachen.

Die weitgehend wirkungslose Mietpreisbremse muss dringend nachgeschärft werden. Ausnahmen sind zu streichen, Verstöße seitens der Vermieterinnen und Vermieter sind über das Wirtschaftsstrafgesetzbuch zu ahnden. Durch ein Kündigungsmoratorium ist sicherzustellen, dass niemandem gekündigt wird, der wegen stark steigender Energiepreise seine Zahlungen nicht fristgerecht leisten kann.

Um den Menschen die Angst zu nehmen, nach erforderlichen Sanierungsmaßnahmen die Miete nicht mehr zahlen zu können, ist die sogenannte Modernisierungsumlage, die Mieterhöhung nach einer Modernisierung, von derzeit acht auf höchsten vier Prozent herunterzufahren. Es ist sicherzustellen, dass die Miete um höchstens 1,50 Euro pro Quadratmeter statt wie bisher um drei Euro angehoben werden kann.

Klimageld auszahlen

Zu einer offensiven Klimapolitik mit dem Ziel der Klimaneutralität bis 2045 gibt es schlechterdings keine Alternative, da es sich mit dem Klima und dem globalen Temperaturanstieg nicht verhandeln lässt. Um dieses Ziel jedoch zu erreichen, sind gewaltige Investitionen vonnöten. Die Kreditanstalt für Wiederaufbau (KfW) beziffert das Volumen der Investitionen in Deutschland auf fünf Billionen Euro.[26] Nun hört sich diese Zahl schlimmer an, als sie ist, weil darin auch viele Ersatzinvestitionen enthalten sind, die ohnehin anstehen und bei denen man dann halt auch auf Nachhaltigkeit achten muss. Echte klimabedingte Mehrinvestitionen, so die KfW, werden in Höhe von etwa 1,9 Billionen Euro fällig, die von der Wirtschaft und vom Staat zu stemmen sind. Das ist allemal genug, um ein mulmiges Gefühl zu erzeugen und die Menschen sich fragen zu lassen, was das für ihren Geldbeutel bedeuten wird. Wirtschaft sind am Ende immer die Verbraucher, Staat am langen Ende immer die Steuerzahler. Um ihre Klimaziele zu erreichen, hat die Bundesregierung auf einen Mix aus ordnungspolitischen Instrumenten wie das Verbot zum Neu-Einbau von Gasheizungen und marktwirtschaftlichen Instrumenten wie die CO2-Abgabe gesetzt. Mit der CO2-Abgabe sollten fossile Energien so verteuert werden, dass ein deutlicher Anreiz zum Ausstieg entsteht. Als die CO2-Bepreisung 2021 startete, waren es 25 Cent pro Tonne, 2024 liegt der Aufschlag bei 45 Cent und soll 2025 auf 55 Cent steigen. Ab 2027 soll das Ganze im Europäischen Emissionshandel aufgehen. Um die Haushalte dabei nicht zu überlasten, kündigte die Ampel in ihrem Koalitionsvertrag vage ein Klimageld an. Darüber sollen sämtliche Einnahmen aus der CO2-Bepreisung an die Bürgerinnen und Bürger zurückgegeben werden. Diskutiert wird das Klimageld in zwei Varianten: Einmal sozial gestaffelt, das heißt, das einkommensschwächere Haushalte mehr bekommen und einkommensstärkere weniger oder gar nichts. Und einmal ein für alle gleicher Pro-Kopf-Betrag. Selbst diese Variante hat einen sozialen Akzent, da auch die Gleichverteilung dafür sorgen würde, dass ärmere Haushalte deutlich stärker profitieren als reichere. Reichere Haushalte mit großem CO_2-Fußabdruck bekämen weit weniger heraus, als sie zahlen. Bei einkommensschwächeren Haushalten wäre es genau umgekehrt. Mit rund elf Milliarden Einnahmen kann die Bundesregierung 2024 durch die CO_2-Bepreisung rechnen. Pro Kopf wäre damit eine Ausschüttung von rund 130 Euro möglich. Welche Alternative des Klimageldes man auch immer bevorzugen mag, entscheidend wäre, dass die Auszahlung nicht weiter verschleppt würde. Genau das jedoch tut die Ampel. Das Klimageld kann keine Sozialleistungen und auch keine gerechte Verteilungspolitik ersetzen, doch wäre es angesichts der staatlich verursachten Verteuerung von Sprit, Öl und Gas von nicht zu unterschätzender Bedeutung für die allgemeine Akzeptanz einer offensiven Klimapolitik. Das Klimageld hat nicht nur eine soziale Funktion, sondern auch eine hohe symbolische Bedeutung.

Infrastruktur sichern

Neben all den Geldtransfers, die notwendig sind, um diese Gesellschaft von unten zusammenzuhalten und mehr Gleichheit zu schaffen, braucht es eine gute öffentliche Infrastruktur, für alle zugänglich, gerade auch für ärmere Bevölkerungsgruppen. Es geht nicht nur um soziale und Bildungseinrichtungen, um Schulen, Kitas oder Beratungsstellen. Es geht genauso um Kultur und Sport. Um all das, was Städte und auch den ländlichen Raum lebenswert macht. Vieles, was wir an sozialen Spannungen im Miteinander in Deutschland erleben, könnte deutlich entschärft werden, wenn wir mehr in diese Infrastruktur investieren würden. Realität ist jedoch, dass wir Jahrzehnte auf Verschleiß gefahren sind und sich in den Kommunen mittlerweile ein Investitionsstau von über 160 Milliarden Euro aufgebaut hat. Es sind reine Erhaltungsinvestitionen. In dieser Summe ist nicht ein einziger neuer Kindergarten, nicht eine neue Parkanlage, nicht ein neues Stadttheater enthalten. Ein Drittel davon entfällt allein auf Kitas und Schulen. Aber auch bei Straßen, Verwaltungsgebäuden bis hin zur örtlichen Feuerwehr müsste dringend etwas geschehen.[27]

Von allerorts gleichwertigen Lebensverhältnissen lässt sich in Deutschland schon lange nicht mehr sprechen. Deutschland ist nicht nur sozial, sondern auch regional ein ziemlich zerrissenes Land mit prosperierenden Regionen und sprudelnden Steuereinnahmen – vor allem in Süddeutschland – auf der einen Seite und echten Armenhäusern wie dem Ruhrgebiet auf der anderen. So hat das wohlhabende Stuttgart gerade einmal eine Armutsquote von 15,6 Prozent, was für eine Großstadt sehr wenig ist, und einen Schuldenstand von 3 000 Euro pro Kopf. In den Ruhrgebietsstädten Duisburg und Dortmund liegt der Armutsanteil in der Bevölkerung dagegen bei deutlich über 20 Prozent. Die Pro-Kopf-Verschuldung ist dort mit 7 000 und 7 500 Euro mehr als doppelt so hoch wie in Stuttgart.[28]

Das Fatale daran ist, dass sich Kommunen dabei häufig in einer Abwärtsspirale befinden. Eine hohe Arbeitslosigkeit und eine hohe Armutsquote gehen in der Regel mit fehlenden Steuereinnahmen, aber auch höheren Sozialleistungen einher. Die Kommunen werden dadurch gezwungen, entweder Gebühren oder die sogenannten Hebesätze bei der Grundsteuer und der Gewerbesteuer anzuheben oder aber den Rotstift bei den Ausgaben anzusetzen und kommunale Leistungen zu streichen. Beides macht den Standort für Gewerbebetriebe nicht attraktiver. Firmenansiedlungen bleiben aus und die Probleme verschärfen sich. Aus diesem Teufelskreis können sich viele Kommunen aus eigener Kraft nicht mehr befreien. Was es braucht, ist ein ganz gezielter Finanzausgleich für notleidende Kommunen, ein »Hilfsfonds kommunale Infrastruktur«.

Umverteilen

All das, was getan werden muss, um diese Gesellschaft zusammenzuhalten, kostet Geld. Und sogar viel Geld. Das wäre die schlechte Nachricht. Die gute Nachricht: Wir haben es. Deutschland ist reich, sogar sehr reich. Deutschland ist die viertstärkste Wirtschaftsnation auf diesem Erdball. Das sogenannte Volksvermögen beträgt etwa 23 Billionen Euro. Nur 1,7 Billionen davon entfallen auf den Staat, rund 18 Billionen auf Privathaushalte. Ein Gutteil davon sind Grund und Boden, Bauten und Maschinen, Fahrzeuge und so weiter. Allein 7,5 Billionen sind Geldvermögen, ob in bar oder als Anlage.[29] Zwischen 2012 und 2022 hat sich das Geldvermögen um 54 Prozent vergrößert. Deutschland hat damit alle Möglichkeiten, seine Krisen nicht nur irgendwie zu bewältigen, sondern so, dass niemand dabei auf der Strecke bleibt und ins soziale Aus bugsiert werden muss. Wir haben nicht nur alle Möglichkeiten, auf Preissteigerungen eine soziale Antwort zu geben. Wir sind mit Blick auf unsere Ressourcen auch zu einer ökosozialen Antwort auf den Klimawandel fähig. Das Schlüsselwort bleibt Solidarität. Und zwar vor allem in der Steuerpolitik. Eine solidarische Steuerpolitik ist die Voraussetzung für alles andere. Die extreme Vermögensballung bei nur wenigen würde eine Umverteilung möglich machen, ohne die breite Masse belasten zu müssen. Gleichzeitig geht Reichtum immer mit Macht einher und geballter Reichtum mit geballter Macht. Entsprechend hartleibig und erfolgreich ist der Widerstand gegen jeden Versuch, diesen Reichtum anzutasten.

Nun wird Finanzminister Lindner nicht müde zu betonen, die Steuereinnahmen würden sprudeln wie nie. Wir hätten kein Einnahmen-, sondern ein Ausgabenproblem. Richtig ist, die Steuereinnahmen im Bundeshaushalt waren mit 360 Milliarden Euro 2023 auf Rekordniveau. Doch sind das gerade einmal sieben Prozent mehr als im letzten Nicht-Krisenjahr 2019. Zudem sind diese Steuermehreinnahmen zu einem Gutteil inflationsbedingt, das heißt, den steigenden Preisen und guten Lohnabschlüssen zu verdanken.

Die Kehrseite ist: Die Inflation treibt auch die staatlichen Ausgaben in die Höhe. Der Staat ist deshalb auch kein Inflationsgewinner, wie häufig, aber fälschlicherweise behauptet wird. Tatsächlich hat er ein dickes Einnahmenproblem. Doch wie in der Sozialpolitik oder der Wohnungspolitik wissen wir auch in der Steuerpolitik sehr wohl, was geschehen müsste und könnte, um dieses Problem zu lösen. Die Hebel, die es umzulegen gilt, sind die der Vermögenssteuer, der Erbschaftssteuer, der Abgeltungssteuer und der Finanztransaktionssteuer.

Vermögenssteuer

Die Vermögenssteuer war nicht immer tabuisiert. Sie wurde in Deutschland von 1952 bis 1996 erhoben. Mit einem Steuersatz von einem Prozent war sie sehr moderat. 1995 monierte das Bundesverfassungsgericht, dass Immobilien im Vergleich zu anderem Vermögen zu günstig erfasst wurden, und verlangte eine Korrektur. Die Bundesregierung nahm das zum willkommenen Anlass, die Steuer ganz auszusetzen. Im letzten Jahr ihrer Existenz hatte sie umgerechnet 4,6 Milliarden Euro eingebracht. Das war vor fast 30 Jahren. Jüngste Modellrechnungen aus dem DIW gehen heute selbst bei einem sehr moderaten Steuersatz von nur 0,5 Prozent für die ersten 15 Millionen Euro Vermögen, 0,7 Prozent für die zweiten 15 Millionen und einem ganzen Prozent erst ab der 31. Million von Einnahmen zwischen 13 und 20 Milliarden Euro jährlich aus, je nach Ausgestaltung der Freibeträge.[30] Betroffen von dieser Steuer wären bei einem persönlichen Freibetrag von »nur« einer Millionen gerade einmal 2,3 Prozent der Bevölkerung, die Topvermögenden sozusagen.

Würde man diesem sehr moderaten Modell des DIW folgen, würde es sich bei den geringen Steuersätzen auch kaum um eine echte Substanzsteuer handeln. Sprich: Das Vermögen dürfte in den meisten Fällen nicht wirklich angegriffen werden, da den abzuführenden Steuern ja auch Erträge aus dem Vermögen gegenüberstehen, die in aller Regel höher als die Steuer sein dürften.

Das gesamte nichtstaatliche Vermögen ist in Deutschland selbst über die Krisenjahre im Schnitt um zehn Prozent jährlich gewachsen. Eine Vermögenssteuer dämpft diese Entwicklung gerade mal etwas. Sollten einzelne Unternehmen tatsächlich einmal nicht zahlen können, könnte man immer noch über Stundungen und die Koppelung an die Ertragslage nachdenken.

Erbschaftssteuer
Die Erbschaftssteuer ist zwar in Deutschland, anders als die Vermögenssteuer, nicht ausgesetzt, doch so sehr mit Ausnahmen durchlöchert, dass man kaum ernsthaft von einer wirklichen Besteuerung sprechen kann.[31] Laut DIW-Chef Marcel Fratzscher werden in Deutschland jährlich über 300 Milliarden Euro jedes Jahr vererbt oder verschenkt. Das Steueraufkommen liegt jedoch bei gerade einmal zehn Milliarden.[32] 3,3 Prozent. Und die kommen nicht einmal von den richtig großen Erbschaften. Zwei Drittel der Erben von über 100 Millionen Euro zahlen völlig legal überhaupt keine Erbschaftssteuer, wie eine Anfrage der Linken im Deutschen Bundestag aufdeckte.[33] Schon eine effektive Besteuerung von nur zehn Prozent würde 20 Milliarden mehr in die öffentlichen Kassen bringen. Die vielen Ausnahmen beim Betriebsvermögen müssen verschwinden. Wer tatsächlich Schwierigkeiten hat, seine Steuer zu zahlen, ohne die Existenz des Unternehmens zu gefährden, dem kann die Steuerschuld über Jahre gestreckt werden. Das jetzige Erbschaftssteuerrecht ist jedoch nichts anderes als ein Großerbenschonungsgesetz und gehört totalreformiert.

Abgeltungssteuer
Die Abgeltungssteuer dürfte mit das offensichtlichste Steuerprivileg Vermögender sein, jene 25 Prozent, die als Flattax auf Kapitalerträge aller Art zu zahlen sind, von der Aktiendividende bis zum Sparbuch. In den letzten Jahren brachte sie, stark schwankend, zwischen fünf und zehn Milliarden Euro im Jahr ein. Eingeführt worden war sie 2009. Vorher unterlagen auch die Kapitalerträge ganz

normal der Einkommenssteuer. Das heißt, bei Spitzenverdienern waren dann 42 Prozent fällig. Unter Finanzminister Peer Steinbrück (SPD, 2005 bis 2009) wollte man den Vermögenden entgegenkommen aus Angst, sie würden ansonsten ihr Geld ins Ausland transferieren. »Besser 25 Prozent von X als 42 Prozent von nix«, gehörte zu Steinbrücks Standardkalauern. Nun ist es seitdem immer schwieriger geworden, Kapital still und heimlich auf ausländischen Konten zu halten. Zahlreiche Länder pflegen mittlerweile einen automatischen Informationsaustausch über Steuerangelegenheiten. Selbst so einschlägig vorbelastete Länder wie die Schweiz, Liechtenstein, Luxemburg und sogar die Kaiman-Inseln und die britischen Jungferninseln sind dabei. Wenn es in der Praxis dabei sicherlich auch einiges zu verbessern gibt, haben wir inzwischen nicht mehr den Stand von vor 2008. Und damit ist auch kein wirklicher Grund mehr da, Kapitalerträge deutlich niedriger zu besteuern als Arbeitseinkommen.

Finanztransaktionssteuer

Bei fast jedem Geschäft fällt eine indirekte Steuer an, Umsatzsteuer, Tabaksteuer, Biersteuer, Versicherungssteuer oder was auch immer. Nur der Verkauf von Finanzprodukten – Aktien, Anleihen und so weiter – ist steuerfrei. Das leuchtet nicht ein. Zumal an einem jeden Handelstag Finanztransaktionen von etwa 13 Milliarden Euro getätigt werden. Das Geschäftsvolumen mit Finanzprodukten ist um ein Vielfaches höher als das mit echten Gütern und Dienstleistungen.[34] Von einer Besteuerung dieser Geschäfte versprechen sich die Befürworter nicht nur zusätzliche Einnahmen, sondern auch eine Eindämmung des kurzfristigen Handels mit Finanzprodukten und damit mehr Stabilität auf den Finanzmärkten. Infolge der großen Bankenkrise 2008/2009 nahm sich die EU des Themas an und legte 2011 einen Umsetzungsvorschlag vor, der Einnahmen von 57 Milliarden Euro generiert hätte. Allein für den deutschen Finanzmarkt wurden 12 Milliarden Euro geschätzt. Danach sollten Aktienverkäufe mit 0,1 Prozent und Derivate mit 0,01 Prozent versteuert werden.[35] 2013 scheiterte dieses Vorhaben am Veto Schwedens und Großbritanniens. Ein kleinerer Kreis von zehn Ländern verabredete daraufhin, im Zuge einer sogenannten verstärkten Zusammenarbeit innerhalb der EU eine Transaktionssteuer einzuführen, sie wurden sich allerdings bis heute nicht über die Modalitäten einig. Die unwürdige Beerdigung einer guten Idee. In der Zwischenzeit machten Länder wie Italien, Frankreich, Belgien oder Finnland Nägel mit Köpfen und führten nationale Transaktionssteuern durchaus unterschiedlicher Machart ein, was vor allem eines zeigt: Es geht.

Das Bohren dicker Bretter – ein Plädoyer für die Aufklärung und gegen neoliberale Denkschablonen

Es geht um eine konsequent linke Steuer-, Finanz- und Sozialpolitik, eine Politik, die den Menschen in den Mittelpunkt stellt, auf Gemeinwohl statt Profitorientierung setzt, auf solidarisches Miteinander statt Wettbewerb. Es geht darum, unseren durchlöcherten Sozialstaat wieder funktionstüchtig zu machen und mehr Ressourcengleichheit zu schaffen, um damit dem Gerechtigkeitsanspruch der Menschen gerecht zu werden, unsere Gesellschaft krisenresilienter zu machen und letztlich auch unsere Demokratie zu stärken. Es geht um eine Politik, die nicht mehr nur Minimalreformen einfordert, sondern, wo notwendig, tatsächlich im besten Sinne des Wortes radikal ist.

Die derzeitige politische Lage ist dabei, zurückhaltend formuliert, alles andere als ermutigend. Im Bund gibt es aktuell keine Koalitionsperspektive, die das ermöglichen könnte. Die Ampel hat uns erneut gelehrt, Wahlprogramme mit Vorsicht zu genießen. Wahlprogramme sind fürs Schaufenster. Sie sollen die eigenen Mitglieder für den Wahlkampf motivieren, die Kernwählerschaft mobilisieren und potenzielle Wählerinnen und Wähler ansprechen. Mit Wahlprogrammen sollen erst einmal Wahlen gewonnen, nicht unbedingt regiert werden.

Die Programme von SPD und Grünen zur Bundestagswahl 2021 warteten durchaus mit einer linkeren Steuer- und Sozialpolitik auf. Von der stärkeren Besteuerung großer Erbschaften und der Wiedereinsetzung der Vermögenssteuer über die Kindergrundsicherung, eine Nebenrechnung der Regelsätze und einer Bürgerrente war ziemlich viel von dem drin, was ich hier als notwendige Agenda nannte. Doch reichte die FDP als kleiner Koalitionspartner, um nichts davon übrig zu lassen. Was nicht bereits während der Sondierungsgespräche und in den Koalitionsverhandlungen abgeräumt wurde, blieb dann – siehe Kindergrundsicherung oder Bürgergeld – im Regierungsalltag auf der Strecke.

Es darf durchaus gemutmaßt werden, dass es einigen bei SPD und Grünen gar nicht so ungelegen kam. Wahlprogramme sind Kompromisspapiere, gerade bei sogenannten Volksparteien mit durchaus heterogener Mitgliedschaft. Und die Flügel bei Rot und Grün liegen in ihren sozial- und steuerpolitischen Positionen zum Teil doch recht weit auseinander. Man betrachte nur die SPD-Linke und den Seeheimer Kreis oder Realos und Linke bei den Grünen. Da freut es den einen oder anderen schon, wenn er nicht alles, dem er im Wahlprogramm eher zähneknirschend zugestimmt hat, dann auch im Koalitionsvertrag und im Regierungshandeln wiederfindet. Auch ein Olaf Scholz ist kein Parteilinker und war vor seiner Kanzlerkandidatur nicht unbedingt als leidenschaftlicher Umverteiler bekannt. Nach den Erfahrungen mit der Ampel kann man sich recht gut vorstellen, wie wenig linke Politik aus Wahlprogrammen von SPD und Grünen erst nach Koalitionsverhandlungen mit einer starken Union übrigbliebe.

Und so gibt es absehbar schlechterdings keine realpolitische Perspektive für eine linke Steuer- und Sozialpolitik. Da sollten wir uns gar nichts vormachen. Und weiterkämpfen. Denn eine Alternative haben wir nicht.

Wir müssen weitermachen mit dem Bohren dicker Bretter. Es sind die Bretter vor den Köpfen vieler Menschen und unser Bohrer heißt Aufklärung. Die Veränderung, die wir brauchen, muss in den

Köpfen der Menschen beginnen. Es geht darum, den Menschen ihre neoliberalen Scheuklappen und Denkschablonen zu nehmen.[36]

Der moderne Neoliberalismus war in der Bundesrepublik lange Zeit alles andere als die allesbeherrschende Ideologie dieses Landes, die er heute ist. In weiten gesellschaftlichen Bereichen hatte er nichts zu suchen und erhob auch gar keine Ansprüche. In der Bildung und Erziehung etwa, der sozialen Arbeit und der Gesundheit oder aber in der kommunalen Daseinsvorsorge. Das änderte sich erst mit der Vereinigung 1990. Wie eine riesige Welle schwappte er plötzlich über das Land, um in jede Ritze dieser Gesellschaft einzudringen. Der Mauerfall wurde von vielen als der ganz große Sieg des kapitalistischen über alle anderen Systeme gefeiert und als historischer Beleg für seine Überlegenheit. Es setzte ein Markt-Hype ein, der vor nichts mehr haltmacht. Der Neoliberalismus beanspruchte fortan die Deutungs- und Erklärungshoheit über so gut wie alle gesellschaftlichen Belange. Wettbewerb und Konkurrenz und das Verfolgen des eigenen Vorteils, im Zweifel auch gegen die Interessen anderer, wurden als alleiniger Motor volkswirtschaftlichen Erfolgs und jeglichen gesellschaftlichen Fortschritts ausgegeben. Staatliches Wirtschaften und staatliche Regulierung waren out. Im großen Stil wurde der Ausverkauf staatlicher Daseinsvorsorge betrieben. Wasser- und Elektrizitätswerke wurden ebenso in den Markt verscherbelt wie der Bestand an öffentlichen Wohnungen. Aus der Bundesbahn wurde eine Bahn AG, deren Börsengang dann allerdings scheiterte. Die Post wurde ebenso privatisiert wie sogar die Bundesdruckerei. Der Markt würde es schon richten. Die Marktgläubigkeit nahm ohne Übertreibung schon quasi-religiöse Züge an. Mega-out waren plötzlich auch kollektive Sicherungssysteme. Statt auf gesetzliche Rente setzte man auf Allianz und Co., Sozialabgaben und Steuern mussten unter allen Umständen runter, um dem Markt seinen Raum zu geben und die Gewinnmargen der Konzerne nicht zu belasten. In allen Talkshows tauchten sie plötzlich auf: neoliberale Volkswirte, die als Anwälte des freien und unbelasteten Marktes ihren Senf zu wirklich allem dazugaben, und sie wurden als vermeintlich objektive, interessenungebundene Sachwalter des Gemeinwohls gern gesehen. Ob es um die Alterssicherung ging, um Mindestlöhne, um die Höhe des Kindergeldes, um Mieten oder Armut: Sie saßen da und erklärten uns die Welt. Neoliberale Thinktanks und Kampagneninstitutionen wie das Institut der deutschen Wirtschaft (IW) in Köln oder die Initiative Soziale Marktwirtschaft drückten, finanziell durch interessierte Verbände sehr gut ausgestattet, ihre neoliberalen Botschaften ins Volk. Dem Einzelnen wurde das Ganze als eine Art Lifestyle-Programm verkauft, als individuelle Verheißung: Das Leben stecke voller Chancen, in jedem stecke ein Sieger. Man müsse nur den Wettbewerb suchen und dürfe kein Risiko scheuen. Jeder sei ein kleiner oder großer Unternehmer seiner selbst. Das »unternehmerische Selbst« wurde propagiert, wie es der Soziologe Ulrich Bröckling nannte.[37] Der Mensch und Bürger als permanenter Wettbewerber. Der Büchermarkt wurde überschwemmt mit Ratgeberliteratur, in der die Menschen nachlesen konnten, wie sie als Unternehmer in eigener Sache zu ticken haben. Motivations- und Mentaltrainer zogen durch die Lande und verkauften ihre einschlägigen Erfolgsseminare.

Der Wettbewerb soll dabei angeblich nicht nur sehr effizient, sondern schlussendlich auch sehr gerecht sein. Denn jeder ist nach neoliberaler Überzeugung seines Glückes Schmied. Jeder hat es selbst in der Hand, aus sich etwas zu machen. Ob arm oder reich ist letztlich das Ergebnis subjektiver Entscheidungen – Fleiß, Anstrengung und Leistung oder Müßiggang. Wer nicht hochkommt, hat es meist nicht anders verdient. Der Wettbewerb sorge für Belohnung, aber auch für die gerechte Strafe.

Der Neoliberalismus begann, sich in unserem Alltag und unserer Alltagskultur einzunisten. Das tat er am wirkungsvollsten, indem er unsere Sprache unterwanderte und verdrehte. Aus guten Menschen machte er Gutmenschen, aus nachdenklichen Menschen Bedenkenträger, wer Gerechtigkeit einforderte, wurde zum Sozialneider, aus Idealisten wurden Ideologen und aus moralisch argumentierenden Menschen Moralisten mit dazugehöriger Moralkeule. Andere Wortkreationen waren nicht so offensichtlich diskreditierend, doch ebenso raffiniert: »Anspruchsdenken«, »Rentenlast«, »schlanker Staat«, »Vollkaskomentalität« oder »sozial Schwache«. All diese und viele andere Begriff gingen eher unreflektiert in den allgemeinen Sprachgebrauch über. Damit hatte der Neoliberalismus im Kampf um den Zeitgeist zweifellos gewonnen. Worte prägen über kurz oder lang unser Denken. Sie erweitern oder verengen unseren Reflexionsraum, ohne dass wir es merken. George Orwell hat uns in seinem berühmten Roman *1984* den subtilen Zusammenhang von Sprache, Denken und Manipulation durch Sprache nahegebracht. Eindringlich mahnt uns auch der jüdische Philologe Victor Klemperer in seinem bereits 1947 erschienenen Werk *LTI, Notizbuch eines Philologen*: »Sprache dichtet und denkt nicht nur für mich, sie lenkt auch mein Gefühl, sie steuert mein ganzes seelisches Wesen, je selbstverständlicher, je unbewusster ich mich ihr überlasse.«[38]

Das Resultat dieses subtilen Erziehungsprozesses ist eine Art unbewusster Denkschwellen an den Rändern des neoliberalen Glaubenssystems. Der Neoliberalismus hat es tatsächlich geschafft, seine Lehrsätze in den Status »fragloser Plausibilitäten« zu erheben, um noch einmal Ulrich Bröckling zu zitieren. Die neoliberalen Thesen und Behauptungen werden zu A-priori-Urteilen, die in den Köpfen keinerlei Überprüfung mehr erfahren.[39] Es sind Wirklichkeitskonstrukte, mit deren Hilfe wir denken, über die wir aber niemals nachdenken. Meinungen werden zu Quasi-Tatsachen, die nicht mehr hinterfragt werden. Irgendwann werden sie im wahrsten Sinne des Wortes selbstverständlich, zu selbstevidenten Voraussetzungen und Ausgangspunkten unseres Denkens.

Auch der polnische Philosoph Zygmunt Bauman hat sich intensiv mit der Frage auseinandergesetzt, wie Menschen zu solch unhinterfragten Gewissheiten gelangen. Er spricht von »Gepflogenheiten«, die »bewußt oder unbewußt, absichtlich oder zufällig auf monotone Weise eine Welt reproduzieren, in der jeder gegen jeden Krieg führt«. Das ist für Bauman auch der Grund, »weshalb wir allzu oft jene (erfundenen, etablierten oder imaginierten) Gegebenheiten, die sich durch unser Zutun täglich erneuern, fälschlicherweise für die ›Natur der Dinge‹ halten, welche sich jeglicher menschlichen Einflußnahme entziehen«.[40]

Und so schaffte es der Neoliberalismus, seine Thesen als Quasi-Naturgesetze zu etablieren: dass Ungleichheit gut sein soll, dass es eine Gesellschaft ohne Armut niemals geben kann, dass Wettbewerb und Konkurrenz immer gut und sogar notwendig sind, dass der Mensch von Natur aus auf seinen Vorteil bedacht ist, dass der Staat schlanker sein muss und selbst die Daseinsvorsorge besser dem Unternehmertum überlässt und dass der freie Markt ein geradezu alternativloses System des Wirtschaftens und des Zusammenlebens darstellt. Aber vor allem ist es dem Neoliberalismus gelungen, die angebliche Nicht-Finanzierbarkeit eines funktionierenden Sozialstaates von der These zum Axiom zu erheben, zur grundlegenden, nicht mehr überprüfbaren und auch nicht mehr überprüfenswerten Grundannahme politischen Denkens und Handeln. »Wir sind hier doch nicht bei ›Wünsch Dir was‹«, »Das ist doch Wolkenkuckucksheim«, »Die Bäume wachsen nicht in den Himmel«, »Ist doch überhaupt nicht finanzierbar«, »Das gefährdet den Wirtschaftsstandort«, »Wir sind jetzt schon Hochsteuerland«: Solch flapsige Sprüche und Behauptungen reichen in der Regel schon, um Forderungen nach besseren Sozialleistungen abzuschmettern und die Diskussion darüber zu beenden, bevor sie überhaupt begonnen hat.

Es gelingt, weil wir nicht mehr hinterfragen, weil es ja so sein muss und weil wir es ja tagtäglich bestätigt bekommen, dass es so sein muss, wenn annähernd die gesamte einschlägige Professorenschaft diese Setzungen lehrt und in Talkshows verkündet, wenn Kommentatoren sie in unseren Leitmedien als Messlatte ihrer täglich publizierten Urteile heranziehen, die Politik ihnen folgt und nur ausgesprochene Minderheiten sich zu anderen Auffassungen bekennen, Gutmenschen halt, Bedenkenträger oder Linke. Der Mainstream wird so allgegenwärtig, beherrschend und mitreißend, dass sich seine Thesen tatsächlich irgendwann wie Wirklichkeiten anzufühlen beginnen. Und wenn es sich irgendwie falsch anfühlt, schweigt man besser. Warum rumstreiten. Und überhaupt: »Was weiß ich schon?«

Und so hat uns der Neoliberalismus im letzten Vierteljahrhundert den Schneid abgekauft, das wirklich Selbstverständliche als selbstverständlich einzufordern: dass man von seinem Geld, das man verdient, gut leben können und auch für seine Familie sorgen können muss, dass man sicher sein will, auch im Alter gut abgesichert zu sein, dass man nicht aus seiner Wohnung hinausgeschmissen werden und auf die Straße gesetzt werden darf, wenn man kein Geld hat oder weil die Mieten zu stark steigen, dass man Strom und Gas nicht gesperrt bekommt, wenn man die Nachzahlungen nicht leisten kann, oder dass jeder das gleiche Anrecht auf bestmögliche gesundheitliche Versorgung hat. Es sind eigentlich Banalitäten und doch vermochte es der Neoliberalismus, uns einzureden, dass derartige Selbstverständlichkeiten praktisch völlig ausgeschlossen seien, da sie unser ganzes profitorientiertes Wirtschaftssystem zusammenbrechen lassen würden. Egal ob Mietpreisbremse, Mindestlohn oder Lieferkettengesetz: Immer das gleiche Drohszenario, immer die gleiche Leier. Und sie wirken.

Es sind daher die Denkschwellen und Denkschablonen des Neoliberalismus, die in den Köpfen der Menschen überwunden werden müssen. Ihre Überwindung ist der notwendige erste Schritt zur Überwindung der gesellschaftlichen Verwerfungen, die uns der Neoliberalismus eingebrockt hat.

Der Weg heißt Aufklärung. Es bleibt uns nichts anderes, als die Menschen beharrlich mit der Realität zu konfrontieren, mit dem Scheitern des profitgetriebenen, auf private Konkurrenz setzenden Marktes, von der Wohnungswirtschaft über den Klima- und Naturschutz bis zur Landwirtschaft. Wir müssen sie ermutigen, Alternativen zu denken und sich nicht einschüchtern zu lassen. Sei es die Vergesellschaftung von Wohnungsgesellschaften wie der Deutschen Wohnen AG oder von Unternehmen der Energie- und Wasserwirtschaft, sei es eine konsequente Gemeinwohlorientierung in Gesundheit und Pflege unter Ausschluss profitorientierter Unternehmen, bis hin zu kollektiven, genossenschaftlichen Formen des Wirtschaftens in allen Sektoren.

Wir müssen aufklären, ermutigen und ein neues solidarisches Miteinander anbieten. Nur so werden wir Menschen für linke Ideen begeistern und für eine linke Politik gewinnen können. Es braucht einen langen Atem, es ist mühsam. Aber es gibt keinen anderen Weg zu einer besseren Politik.

Anmerkungen

Worum es (mir) geht

1 Hape Kerkeling: »Dieses Land hat ein gewaltiges Problem«. In: sueddeutsche. de, 19.10.2023. Online unter: https://www.sueddeutsche.de/medien/medien-koeln-hape-kerkeling-dieses-land-hat-ein-gewaltiges-problem-dpa.urn-newsml-dpa-com-20090101-231019-99-618794 Letzter Abruf 10/23.

Deutschland im Krisenmodus und eine Ampel auf Gelb

1 Vgl. Jonas Pieper, Ulrich Schneider, Wiebke Schröder, Gwendolyn Stilling: »Zwischen Armut und Inflation – Der Paritätische Armutsbericht 2022«. Aktualisierte 2. Auflage, In: der-paritaetische.de, März 2023. Online unter: https://www.der-paritaetische.de/fileadmin/user_upload/Schwerpunkte/Armutsbericht/doc/Armutsbericht_2022_aktualisierte_Auflage.pdf Letzter Abruf 04/23.

2 Das Jahresende zeigte einen Rückgang des Wirtschaftswachstums von 4,9 Prozent und eine Arbeitslosenquote von 5,9 Prozent.

3 Mitteilung der BA: »Der Arbeitsmarkt im September 2020 – Folgen der Corona-Krise weiter deutlich sichtbar, aber leichte Besserung«. In: Presseportal. de, 30.09.2020. Online unter: https://www.presseportal.de/pm/6776/4720887 Letzter Abruf 04/22.

4 Vgl. Jonas Pieper, Joachim Rock, Ulrich Schneider, Wiebke Schröder: »Armut in der Pandemie. Der Paritätische Armutsbericht 2021«. Berlin 2021, S. 13 ff.

5 Vgl. Jonas Pieper, Joachim Rock, Ulrich Schneider, Wiebke Schröder: »Armut in der Pandemie. Der Paritätische Armutsbericht 2021«. Berlin 2021, S. 22 ff.

6 Dass die Kinder in Hartz IV vom allgemeinen Kinderbonus mit »profitierten«, stellte sozusagen einen Kollateral-Benefit dar.

7 Projektgruppe Gemeinschaftsdiagnose: »Erholung verliert an Fahrt – Wirtschaft und Politik weiter im Zeichen der Pandemie«, *Gemeinschaftsdiagnose* 2. Kiel 2020.

8 Vgl. *Gemeinschaftsdiagnose* a. a. O., S. 74.

9 a. a. O., S. 41.

10 Vgl. Öffentlicher Dienst News: Bundesregierung: »Keine Corona-Abwrack-prämie 2020«. In: oeffentlicher-dienst-news.de, online unter: https://oeffentlicher-dienst-news.de/abwrackpraemie-2020-auto-konjunkturpaket/ Letzter Abruf 04/23.

11 Marius Clemens, Geraldine Dany-Knedlik, Simon Junker, Claus Michelsen, Werner Röger: »Mehrwertsteuersenkung hat deutsche Wirtschaft im Corona-Jahr 2020 gestützt«. In: *DIW aktuell* Nr. 62. 2021.

12 Entgegen anderer Befürchtungen gab die Wirtschaft die Steuersenkung zum größten Teil sogar durchaus an die Verbraucher weiter, bei Verbrauchsgütern immerhin zu fast drei Viertel. ZEW – Leibniz-Zentrum für Europäische Wirtschaftsforschung: Analyse der Verbraucherpreisentwicklung nach Senkung der Mehrwertsteuer. Endbericht. Mannheim 2021.

13 Vgl. »Die Dividenden der DAX-Konzerne von 2008 bis 2021«. In: boersenge-fluester.de, online unter: https://www.boersengefluester.de/dividenden-histo rien-dax/ Letzter Abruf 04/23.

14 Berechnungen nach Financial Times in Zusammenarbeit mit Morgan Stanley. Vgl. Marcel Fratzscher: »Milliardäre sind die Pandemiegewinner«. In: diw.de, 21.5.2021. Online unter: https://www.diw.de/de/diw_01.c.818535.de/nachrich ten/milliardaere_sind_die_pandemiegewinner.html Letzter Abruf 04/23.

15 Daten nach dem jährlich von der Beratungsgesellschaft Capgemini vorgelegten World Wealth Report. In: capgemini.com, online unter: https://www.capge mini.com/insights/research-library/world-wealth-report/ Letzter Abruf 04/23.

16 Vgl. Jonas Pieper, Joachim Rock, Ulrich Schneider, Wiebke Schröder: »Armut in der Pandemie. Der Paritätische Armutsbericht 2021.« Berlin, S.5 ff.

17 Projektgruppe Gemeinschaftsdiagnose: »Krise wird allmählich überwunden – Handeln an geringerem Wachstum ausrichten«. In: diw.de, Herbst 2021. On-line unter: https://www.diw.de/documents/dokumentenarchiv/17/diw_01.c.82 6704.de/20211014_gdherbst21_gutachten.pdf Letzter Abruf 05/23.

18 Ergebnis der Sondierungen zwischen SPD, BÜNDNIS 90/DIE GRÜNEN und FDP 15.10.2022. In: gruene.de, online unter: https://cms.gruene.de/uploads/ assets/Ergebnis-der-Sondierungen.pdf Letzter Abruf 5/23.

19 S. ebd.

20 Teuerungsraten bei Strom und Gas bis zu über 40 Prozent in einzelnen Mona-ten und bei Lebensmitteln von über 20 Prozent waren die Folge. In: destatis.de, Daten online unter: https://www.destatis.de/DE/Themen/Wirtschaft/Konjunk turindikatoren/Basisdaten/vpi042j.html und https://www.destatis.de/DE/The men/Wirtschaft/Preise/Verbraucherpreisindex/Tabellen/Verbraucherpreise-12Kategorien.html Letzter Abruf 04/23.

21 Vgl. Ulrich Schneider: »Entlastung für alle? Zur haushalts- und sozialpoliti-schen Fragwürdigkeit des Entlastungspakets«. In: *Soziale Sicherheit* 6/2022 ,S. 221 ff.

22 Deutsche Bundesbank – Eurosystem: »Geldvermögensbildung und Außenfi-nanzierung in Deutschland im vierten Quartal 2022«. In: bundesbank.de, on-line unter: https://www.bundesbank.de/de/presse/pressenotizen/geldvermoe gensbildung-und-aussenfinanzierung-in-deutschland-im-vierten-quartal-2022-908106#:~:text=Das%20Geldverm%C3%B6gen%20der%20privaten%20Haus halte,um%20insgesamt%2068%20Milliarden%20Euro. Letzter Abruf 05/23. Sektorale Ergebnisse der gesamtwirtschaftlichen Finanzierungsrechnung.

23 Carsten Schröder, Charlotte Bartels, Konstantin Göbler, Markus M. Grabka, Jo hannes König: »MillionärInnen unter dem Mikroskop: Datenlücke bei sehr ho-hen Vermögen geschlossen – Konzentration höher als bisher ausgewiesen.« In: *DIW Wochenbericht* 29/2020, S. 511–521.

24 Vgl. Jonas Pieper, Ulrich Schneider, Wiebke Schröder, Gwendolyn Stilling: »Zwischen Pandemie und Inflation. Paritätischer Armutsbericht 2022«. Aktualisierte 2. Auflage, Berlin 2023.

25 TU München Vorstandsvergütungsstudie 2023. In: tum.de, online unter: https://www.tum.de/aktuelles/alle-meldungen/pressemitteilungen/details/ dax-vorstaende-verdienen-weniger-1 Letzter Abruf 01/24.

26 Bundesverband der Tafeln: »Armut in Deutschland auf dramatischem Höchststand: Zahl der Tafel-Kundinnen und -Kunden um Hälfte erhöht«. In: tafel.de, 14.07.2022. Online unter: https://www.tafel.de/presse/pressemitteilungen/ pressemitteilungen-2022/armut-in-deutschland-auf-dramatischem-hoechst stand-zahl-der-tafel-kundinnen-und-kunden-um-haelfte-erhoeht Letzter Abruf 05/23.

27 Im September 2022 stellt der Verein Sanktionsfrei eine Studie über Hartz IV-Beziehende vor. Unter anderem stellte sich heraus, dass über die Hälfte der Befragten in Hartz IV regelmäßig mehr Ausgaben als Einnahmen hatten. Sprich: Sie zehrten ihr weniges Erspartes auf oder lebten auf Pump. Institut für Sozial- und Wirtschaftsforschung (INES Berlin). Im Auftrag von Sanktionsfrei e.V.: HARTZ PLUS: EINE STUDIE ÜBER DIE AUSWIRKUNGEN VON HARTZ-IV-SANKTIONEN. September 2022.

28 Sebastian Dullien, Katja Rietzler, Silke Tober: »Die Entlastungspakete der Bundesregierung«. IMK Policy Brief, Düsseldorf 04/22.

29 Angaben nach Stefan Bach, Jakob Knautz: »Hohe Energiepreise: Ärmere Haushalte werden trotz Entlastungspaketen stärker belastet als reichere Haushalte«. In: *DIW Wochenbericht* 17/2022, S. 243–251.

30 Bei hoher Inflation kann der Effekt eintreten, dass zwar über entsprechend hohe Lohnsteigerungen die Bruttokaufkraft des Lohnes erhalten bleibt, der progressive Steuerverlauf jedoch bewirkt, dass netto dieser Effekt wieder zusammenschmilzt. Dieses Phänomen wird auch als »kalte Progression« bezeichnet.

31 »Entlastungspaket der Bundesregierung – Klingbeil nennt Lindners Steuerpläne ›konstruktiv‹«. In: t-online.de, online unter: https://www.t-online.de/ nachrichten/deutschland/innenpolitik/id_100037670/entlastungspaket-lars-klingbeil-nennt-christian-lindners-steuerplaene-konstruktiv-.html Letzter Abruf 06/23.

32 Prof. Anne Lenze: »Regelbedarfsanpassung 2022: Juristisches Gutachten belegt verfassungsrechtlich geforderten Handlungsbedarf«. In: Der-paritaetische. de, 07.10.2021. Online unter: https://www.der-paritaetische.de/alle-meldun gen/regelbedarfsanpassung-2022-juristisches-gutachten-belegt-verfassungs-rechtlich-geforderten-handlungsbedarf/ Letzter Abruf 06/23.

33 Der durchschnittliche Gaspreis für Haushalte lag nach Angaben des Statistischen Bundesamtes im ersten Halbjahr 2022 bei 8,04 Cent/kwh und im zweiten Halbjahr bei 9,34 Cent/kwh. Online unter: https://www-genesis.destatis. de/genesis/online?sequenz=tabelleErgebnis&selectionname=61243-0010& language=de#abreadcrumb Letzter Abruf 07/23.

34 Pressestatements zur Vereinbarung zum Bundeshaushalt 2024. Bundesfinanzministerium. In: genesis-destatis.de, 13.12.2023. Online unter: https://www-genesis.destatis.de/genesis/online?sequenz=tabelleErgebnis&selection name=61243-0010&language=de#abreadcrumb Letzter Abruf 01/24.

35 Martin Beznoska: »Steuerregelungen 2024: Bürger zahlen für die Versäumnisse der Ampel« In: *IW-Nachricht* 2. Januar 2024. Online unter: https://www.iwkoeln.de/presse/iw-nachrichten/martin-beznoska-buerger-zahlen-fuer-die-versaeumnisse-der-ampel.html Letzter Abruf 01/24.

36 »Bundesfinanzminister Christian Lindner im Interview mit der BILD am Sonntag«. In: bundesfinanzministerium.de, 4.4.2022. Online unter: https://www.bundesfinanzministerium.de/Content/DE/Interviews/2022/2022-04-04-bild-am-sonntag.html Letzter Abruf 11/23.

37 Rene Schmöl: »Das sind die reichsten Deutschen«. In: cio.de, 5.10.2023. Online unter: https://www.cio.de/a/die-reichsten-deutschen,3607389 Letzter Abruf 11/23.

38 »Habeck über Folgen der Russland-Sanktionen: Wir werden dadurch ärmer werden«. In: focus.de, online unter: https://www.focus.de/politik/ausland/ukraine-krise/im-zdf-habeck-ueber-die-folgen-der-russland-sanktionen-wir-werden-dadurch-aermer-werden_id_76610966.html Letzter Abruf 11/23.

Ein Sommer zum Mäusemelken oder warum es so schwierig ist, eine Bewegung zu bilden

1 Elias Steinhilper, Jannes Jacobsen, Jörg Dollmann, Mujtaba Isani, Jonas Köhler, Almuth Lietz, Sabrina Mayer, Lisa Walter: »Protestpotenzial in der Energiekrise.« DeZIM.insights Working Papers 7, Berlin: Deutsches Zentrum für Integrations- und Migrationsforschung (DeZIM).

2 Schirdewan: »Aufruf zu ›heißem Herbst‹ sozialer Proteste«. In: zdf.de, 8. August 2022. Online unter: https://www.zdf.de/nachrichten/politik/schirdewan-linke-energiekrise-proteste-ukraine-krieg-100.html Letzter Abruf 11/23.

3 Boris Herrmann: »Gaskrise: Linke will Proteste gegen Ampelregierung anführen«. In: sueddeutsche.de, 18.8.2022. Online unter: https://www.sueddeutsche.de/politik/gaskrise-linke-proteste-1.5640800 Letzter Abruf 11/23.

4 Felix Huesmann: »Friedensdemonstration in Berlin vereint Wagenknecht und Linkspartei«. In: rnd.de, 25.11.2023. Online unter: https://www.rnd.de/politik/friedensdemonstration-in-berlin-vereint-wagenknecht-und-linkspartei-KWGZATU32ZHTZDDEBN22IFQKUM.html Letzter Abruf 11/23.

5 Dass an einem denkwürdigen 22. Oktober 2023 auf einer großen Israel-Solidaritätskundgebung vor dem Brandenburger Tor, die von den Aktivisten von Campact organisiert und von Kirchen, Gewerkschaften und verschiedenen NGOs getragen wurde, Spitzenpolitiker von Union, SPD, Grünen, FDP und Linken auftreten durften, war die ganz große, ausschließlich dem grausigen Anlass des Hamas-Terrors geschuldete Ausnahme. Campact und die anderen NGOs mussten dazu mehr als einmal über ihren Schatten und so manchen Graben springen.

6 »Ramelow warnt vor zu großer Nähe zu Rechtsextremen bei Montagsdemos«. In: spiegel.de, 16.8.2022. Online unter: https://www.spiegel.de/politik/deutsch land/die-linke-bodo-ramelow-warnt-vor-naehe-zu-rechtsextremen-bei-montags demos-a-85955771-3cfc-456b-8e4c-984b3d893666 Letzter Abruf 11/23.

7 Dietmar Bartsch: »Sollte die Linke zu Montagsdemos aufrufen?« In: zeit.de, 28.8.2022. Online unter: https://www.zeit.de/politik/deutschland/2022-08/ dietmar-bartsch-linke-inflation-protest-herbst/seite-2 Letzter Abruf 11/23.

8 Till Ganswindt: »Streit in der Linken vor geplanter Demo gegen Gasumlage«, In: mdr.de, 1.9.2022. Online unter: https://www.mdr.de/nachrichten/deutsch land/politik/linke-heisser-herbst-demonstration-montag-wagenknecht-pell mann-100.html Letzter Abruf 11/23.

9 Martin Höfig: »Tief gespaltene Linke protestiert in Berlin«. In: nd-aktuell.de, 6.9.2022. Online unter: https://www.nd-aktuell.de/artikel/1166716.heisser-herbst-tief-gespaltene-linke-protestiert-in-berlin.html Letzter Abruf 11/23.

10 »Rund 220 Menschen bei Linken-Demo in Halle«. In: sueddeutsche.de, 17.9.2022. Online unter: https://www.sueddeutsche.de/politik/demonstratio nen-halle-saale-rund-220-menschen-bei-linken-demo-in-halle-dpa.urn-newsml-dpa-com-20090101-220917-99-798260 Letzter Abruf 11/23.

11 Erik Peter: »Demo gegen Krisenpolitik in Berlin: Parole Umverteilen«. In: taz. de, 14.11.2022. Online unter: https://taz.de/Demo-gegen-Krisenpolitik-in-Ber lin/!5894625/ Letzter Abruf 11/23.

12 Nina Böckmann, Lucas Grothe: »Ausbleibende Massenproteste: War es das mit dem »heißen Herbst«?« In: mdr.de, 29.11.2022. Online unter: https://www. mdr.de/nachrichten/deutschland/gesellschaft/heisser-herbst-vorbei-wenig-teil nehmer-100.html Letzter Abruf 11/23.

13 Jan Emendörfer: »Bund nimmt mehr Steuern ein – Linken-Politiker Bartsch fordert Entlastung der Bürger«. In: rnd.de, 6.2.2022. Online unter: https:// www.rnd.de/politik/bund-mehr-steuern-eingenommen-bartsch-fordert-entlas tung-der-buerger-FA5R73PTUBHVVJZCSMDQQH7MS4.html Letzter Abruf 11/23.

14 »Keine Steuern auf Grundnahrungsmittel?: Linken-Fraktionschef Bartsch be-grüßt den Vorstoß aus der CSU«. In: tagesspiegel.de, 20.7.2023. Online unter: https://www.tagesspiegel.de/politik/keine-steuern-auf-grundnahrungsmittel-linken-fraktionschef-bartsch-begrusst-den-vorstoss-aus-der-csu-10183387.html Letzter Abruf 11/23.

15 Alexander Eser-Ruperti: »Neues Entlastungspaket: Bartsch fordert Anti-Inflati-onsgeld von 1500 Euro«. In: kreiszeitung.de, 3.8.2022. Online unter: https:// www.kreiszeitung.de/politik/neues-entlastungspaket-bartsch-fordert-anti-infla tionsgeld-von-1500-euro-91703551.html Letzter Abruf 11/23.

16 »Linkspartei kündigt Proteste an: Heißer Herbst auch von links«. In: taz.de, 29.8.2022. Online unter: https://taz.de/Linkspartei-kuendigt-Proteste-an/!5874 900/ Letzter Abruf 11/23.

17 »Özdemir wirbt für Streichung von Mehrwertsteuer auf Obst, Gemüse und Hülsenfrüchte«. In: spiegel.de, 4.6.2022. Online unter: https://www.spiegel. de/politik/deutschland/cem-oezdemir-will-mehrwertsteuer-auf-obst-gemuese-

und-huelsenfruechte-streichen-a-78bfbce2-5c33-4548-85e1-8675fd7f77ab Letzter Abruf 11/23.

18 »Wir brauchen ein 100-Milliarden-Sondervermögen für Bildung«, 30.3.2023. Online unter: https://spielen-und-lernen.online/aktuelles/wir-brauchen-ein-100-milliarden-sondervermoegen-fuer-bildung/ Letzter Abruf 11/23.

19 »Fridays for Future fordert Sondervermögen fürs Klima«. In: tagesschau.de, 13.9.2022. Online unter: https://www.tagesschau.de/inland/gesellschaft/fridays-for-future-sondervermoegen-101.html Letzter Abruf 11/23.

20 Ellen Ehni: »Nur Minderheit will Entlastung für alle«. In: tagesschau.de, 1.9.2022. Online unter: https://www.tagesschau.de/inland/deutschlandtrend/deutschlandtrend-3135.html Letzter Abruf 11/23.

21 »Bollwerk gegen die Inflation: Gewerkschaft will steuerfreies Entlastungsgeld«. In: rnd.de, 26.8.2022. Online unter: https://www.rnd.de/politik/inflation-gewerkschaft-will-steuerfreies-entlastungsgeld-HU6QYYBKUXE6LN436CT75O-AZNU.html Letzter Abruf 11/23.

22 »Verdi-Chef Wernecke: Kritik an Lindners Steuerkonzept«. In: zdf.de, 12.8.2022. Online unter: https://www.zdf.de/nachrichten/politik/verdi-werneke-lindner-steuern-100.html#xtor=CS5-62 Letzter Abruf 10/23.

23 »Konzertierte Aktion: Gewerkschaft will steuerfreies Entlastungsgeld«. In: yahoo.com, 26.8.2022. Online unter: https://de.nachrichten.yahoo.com/news/konzertierte-aktion-gewerkschaft-will-steuerfreies-082128221.html?guce_referrer=aHR0cHM6Ly93d3cuZ29vZ2xlLmRlLLw&guce_referrer_sig=AQAAAM3vTSS_RL_4vy4XZposw5cV6CY3APIiHjX4mTzjE-CvnLmg92Kgyc1z2XDsdeM4ShOwP6u8P2HKXr8rio6tHoHEUf5UKEB9bjVIgZikCLU22sJb8wgnlki9ghyrCBVQXXjFRE6GPHFlMXlWyLZ12ZdHAbCHocBY8fsAZbeRgsw&guccounter=2 Letzter Abruf 10/23.

24 Die Abkürzung VdK erinnert noch an die Ursprünge des 1950 gegründeten Verbandes. Sie steht noch für den Gründungsnamen »Verband der Kriegsbeschädigten, Kriegshinterbliebenen und Sozialrentner Deutschlands e. V.«.

25 Den exklusiven Titel »Spitzenverbände« bekamen die sechs in der »Deutschen Liga für freie Wohlfahrtsverbände« zusammengeschlossenen Organisationen bereits 1926 staatlicherseits »verliehen«, womit ihre Kartellstruktur unterstützt und ihr Vertretungsmonopol ausdrücklich unterstrichen werden sollte. Vgl. dazu Rolf G. Heinze/Thomas Olk: »Die Wohlfahrtsverbände im System sozialer Dienstleistungsproduktion. Zur Entstehung und Struktur bundesrepublikanischer Verbändewohlfahrt«. In: Kölner Zeitschrift für Soziologie und Sozialpsychologie. 1981 Heft 1, S. 94 ff.

26 Paritätischer Wohlfahrtsverband: »... wessen wir uns schämen müssen in einem reichen Land ...«. Armutsbericht des Paritätischen Wohlfahrtsverbandes für die Bundesrepublik Deutschland. In: Blätter der Wohlfahrtspflege, Heft 11/12 1989.

27 Vgl. Ulrich Schneider: »Zwischen Konformismus und Widerstand: Sozialarbeit im Neoliberalismus«. In: Hans-Uwe Otto (Hg.): »Soziale Arbeit im Kapitalismus«. Weinheim/Basel 2020, S. 290 f.

28 Prof. Dr. Georg Cremer. In: caritas.de, Online unter: https://www.caritas.de/die caritas/wir-ueber-uns/verbandsgeschichte/cremer Letzter Abruf 09/23.

29 Georg Cremer: »Die tief zerklüftete Republik.« In *Frankfurter Allgemeine Zeitung* vom 27. April 2015.

30 Peter Neher: Pressekonferenz anlässlich der Vollversammlung der deutschen Bischofskonferenz 2017. In: youtube.com, online unter: https://www.youtube.com/watch?v=VsDCaLqWgP8&list=PLarPhgGhSYjBQyaxmLQnv4hJ_zXrmlT65&index=5&t=0s Letzter Abruf

31 Gwendolyn Stilling: »Aufruf »100 Euro mehr, sofort: Solidarisch für sozialen Zusammenhalt und gegen die Krise«. In: der-paritaetische.de, 2.5.2022. Online unter: https://www.der-paritaetische.de/alle-meldungen/aufruf-100-euro-mehr-sofort-solidarisch-fuer-sozialen-zusammenhalt-und-gegen-die-krise/#:~:text =Vorlesen-,Aufruf%20%22100%20Euro%20mehr%2C%20sofort%3A%20So lidarisch%20f%C3%BCr%20sozialen,Zusammenhalt%20und%20gegen%20 die%20Krise%22&text=In%20einem%20gemeinsamen%20Aufruf%20for dern,Coronakrise%20Soforthilfe%20f%C3%BCr%20arme%20Menschen. Letzter Abruf 10/23.

32 »Appell ›für Solidarität und Zusammenhalt‹: Caritas unterschreibt nicht«. In: katholisch.de, online unter: https://www.katholisch.de/artikel/40419-appell-fuer-solidaritaet-und-zusammenhalt-caritas-distanziert-sich Letzter Abruf 02/24.

33 »Caritas distanziert sich von gesellschaftlichem Appell zu Zusammenhalt«. In: kirche-und-leben.de, online unter: https://www.kirche-und-leben.de/artikel/caritas-distanziert-sich-von-gesellschaftlichem-appell-zu-zusammenhalt Letzter Abruf 09/23.

34 Vgl. *Kürschners Volkshandbuch Deutscher Bundestag 20. Wahlperiode*, Stand: Juni 2023. Sonderdruck für den Deutschen Bundestag – Referat Öffentlichkeitsarbeit, S. 360.

35 PM der AWO: »AWO-Bundeskonferenz wählt Wilhelm Schmidt zum Bundesvorsitzenden«. In: ots.at, 30.10.2004. Online unter: https://www.ots.at/presse aussendung/OTS_20041031_OTS0010/awo-bundeskonferenz-waehlt-wil helm-schmidt-zum-bundesvorsitzenden Letzter Abruf 08/23.

36 S. Redemanuskript vom 2.8.2005. In: awo.org, online unter: https://awo.org/sites/default/files/2016-12/Rede_Schmidt_2005.pdf Letzter Abruf 08/23.

37 Vgl. Christof Butterwegge: »Krise und Zukunft des Sozialstaats.« Wiesbaden 2014, S. 250.

38 »Soziallobbyist Ulrich Schneider tritt aus Linkspartei aus«. In: spiegel.de, online unter: https://www.spiegel.de/politik/deutschland/soziallobbyist-ulrich-schneider-tritt-aus-linkspartei-aus-a-f07419ab-4cab-461e-900f-310d35d34acb Letzter Abruf 10/23.

39 Rainer Woratschka: »Der Paritätische und die Linkspartei: Ärger um Verbandsfunktionär Ulrich Schneider«. In: tagesspiegel.de, online unter: https://www.tagesspiegel.de/politik/arger-um-verbandsfunktionar-ulrich-schneider-3731575.html Letzter Abruf 10/23.

40 Rainer Hank: »Von wegen paritätische Wohlfahrt«. In: *Frankfurter Allgemeine Sonntagszeitung* vom 12.6.2026.

41 Simon Schütz: »Wagenknechts Bewegung will Rechnungen nicht bezahlen«. In: bild.de, 15.12.2018. Online unter: https://www.bild.de/politik/inland/politik-inland/wagenknechts-bewegung-will-rechnungen-der-werbefirma-nicht-bezahlen-59046316.bild.html Letzter Abruf 09/23.

42 »Bunte Westen in Deutschland – Rund 2.000 Menschen demonstrieren«. In: taz.de, 16.2.2019. Online unter: https://taz.de/Bunte-Westen-in-Deutschland/!5573713/ Letzter Abruf 9/23.

43 »Internetangebote, die am häufigsten in Deutschland genutzt werden, in den Jahren Jahr 2021 bis 2023«. In: statista.com, online unter: https://de.statista.com/statistik/daten/studie/171006/umfrage/in-anspruch-genommene-angebote-aus-dem-internet/ Letzter Abruf 09/23.

44 Ines Schwerdtner, Lukas Scholle (Hg.): »Genug – Warum wir einen politischen Kurswechsel brauchen.« Berlin 2023.

45 Justus Bender: »Eine Bewegung vom Reißbrett«. In: faz.net, 20.09.2019. Online unter: https://www.faz.net/aktuell/politik/inland/gekaufte-protestideen-eine-bewegung-am-reissbrett-16393261.html#void Letzter Abruf 09/23.

»Arme haben keine Lobby« ...

1 Cremer, Georg: »Die tief zerklüftete Republik.« In: *Frankfurter Allgemeine Zeitung* vom 27. April 2015.
Oder auch Peter Neher: Pressekonferenz anlässlich der Vollversammlung der deutschen Bischofskonferenz 2017. In: youtube.com, online unter: https://www.youtube.com/watch?v=VsDCaLqWgP8&list=PLarPhgGhSYjBQyaxmLQnv4hJ_zXrmlT65&index=5&t=os

2 In dem Buch *Deutschland ist gerechter als wir meinen* (München 2018) beklagt der langjährige Caritas-Generalsekretär Georg Cremer geradezu leidenschaftlich einen aus seiner Sicht nicht begründbaren Untergangsdiskurs, die Diskreditierung des deutschen Sozialstaates durch die Armutskritiker (S. 9 ff.) und wirbt um Verständnis für eine Politik maßvoller Reformen und des Stückwerks (S. 230 ff.).

3 »Lindner: Kindergrundsicherung letzte große Sozialreform für Jahre«. In: faz.de, 28.8.2023. Online unter: https://www.faz.net/aktuell/politik/inland/kindergrundsicherung-laut-lindner-letzte-grosse-sozialreform-fuer-jahre-19132657.html Letzter Abruf 11/23.

4 Vgl. https://kinderarmut-hat-folgen.de/#Unterst%C3%BCtzerinnen

5 Vgl. dazu Ulrich Schneider: »Kein Wohlstand für alle!? Wie sich Deutschland selber zerlegt und was wir dagegen tun können«. Frankfurt am Main 2017, S. 109 ff.

6 Vgl. Ulrich Schneider: »Kein Wohlstand für alle!? Wie sich Deutschland selber zerlegt und was wir dagegen tun können.« Frankfurt am Main 2017, S. 45 ff.

7 DIW – ECON (Hg.): »Kosten (k)einer Kindergrundsicherung: Folgekosten von Kinderarmut – Kurzexpertise für die Diakonie Deutschland«. Berlin, 18. August 2023.

8 Vgl. zur ISNM Ulrich Schneider: »Kein Wohlstand für alle!? Wie sich Deutschland selber zerlegt und was wir dagegen tun können«. Frankfurt am Main 2017, S.92 ff.

9 Lea Elsässer, Svenja Hense, Armin Schäfer: »Systematisch verzerrte Entscheidungen? Die Responsivität der deutschen Politik von 1998 bis 2015«. Endbericht Forschungsvorhaben im Auftrag des Bundesministeriums für Arbeit und Soziales. 2016. Online unter: https://www.armuts-und-reichtumsbericht.de/ SharedDocs/Downloads/Service/Studien/endbericht-systematisch-verzerrte-entscheidungen.pdf?__blob=publicationFile&v=2 Letzter Abruf: 10/23.

10 BMAS: »Lebenslagen in Deutschland – der fünfte Armuts- und Reichtumsbericht der Bundesregierung«. Berlin 2017. Online unter: https://www.armuts-und-reichtumsbericht.de/SharedDocs/Downloads/Berichte/5-arb-langfassung. pdf?__blob=publicationFile&v=3 Letzter Abruf 10/23.

11 Lea Elsässer, Svenja Hense, Armin Schäfer: »Systematisch verzerrte Entscheidungen? Die Responsivität der deutschen Politik von 1998 bis 2015«. Endbericht Forschungsvorhaben im Auftrag des Bundesministeriums für Arbeit und Soziales. 2016. Online unter: https://www.armuts-und-reichtumsbericht.de/ SharedDocs/Downloads/Service/Studien/endbericht-systematisch-verzerrte-entscheidungen.pdf?__blob=publicationFile&v=2 Letzter Abruf 10/23.

12 Vgl. *Kürschners Volkshandbuch Deutscher Bundestag 20. Wahlperiode.* 2021–2025, 163. Auflage, Stand: 15. Juni 2023. Sonderdruck für den Deutschen Bundestag – Referat Öffentlichkeitsarbeit.

Über die Solidarität

1 Ulrich Schneider: »Solidarpakt gegen die Schwachen – Vom Rückzug des Staates aus der Sozialpolitik«. München 1993; Ulrich Schneider: »Armes Deutschland – Neue Perspektiven für einen anderen Wohlstand«, München 2010.

2 Statista: Armutsgefährdungsquote nach Sozialleistungen in den Ländern der EU im Jahr 2021. Online unter: https://de.statista.com/statistik/daten/stu die/1171/umfrage/armutsgefaehrdungsquote-in-europa/ Letzter Abruf 04/23.

3 Thorsten Hellmann, Pia Schmidt, Sascha Matthias Heller: »Soziale Gerechtigkeit in der EU und OECD«. Index Report 2019. Hg.: Bertelsmann-Stiftung. Online unter: https://www.bertelsmann-stiftung.de/fileadmin/files/BSt/Publikatio nen/GrauePublikationen/SJI_Das_Wichtigste_in_Kuerze_DE.pdf Letzter Abruf: 04/23.

4 Karsten Schulz-Sandhof, Jürgen Schupp: »Reiche Haushalte in Deutschland spenden relativ zum Einkommen weniger als ärmere Haushalte«. In: diw.de, Online unter: https://www.diw.de/de/diw_01.c.859211.de/publikationen/wo chenberichte/2022_46_1/reiche_haushalte_in_deutschland_spenden_relativ_ zum_einkommen_weniger_als_aermere_haushalte.html

5 Bundesministerium für Familie, Senioren, Frauen und Jugend: Freiwilliges Engagement in Deutschland. Berlin 2019; Statista: Anzahl der Personen in Deutschland, die ehrenamtlich tätig sind, von 2018 bis 2022. In: statista.com, Online unter: https://de.statista.com/statistik/daten/studie/173632/umfrage/ verbreitung-ehrenamtlicher-arbeit/ Letzter Abruf 04/23.

6 Karsten Schulz-Sandhof, Jürgen Schupp: »Reiche Haushalte in Deutschland spenden relativ zum Einkommen weniger als ärmere Haushalte«. In: *DIW-Wochenbericht* 46/2022, S. 595–605. In: diw.de, Online unter: https://www.diw.de/de/diw_01.c.859211.de/publikationen/wochenberichte/2022_46_1/reiche_haushalte_in_deutschland_spenden_relativ_zum_einkommen_weniger_als_aermere_haushalte.html. Letzter Abruf 05/24.

7 Statistisches Bundesamt: Volkswirtschaftliche Gesamtrechnungen. Wichtige Zusammenhänge im Überblick, Stand Februar 2023. Online unter: https://www.destatis.de/DE/Themen/Wirtschaft/Volkswirtschaftliche-Gesamtrechnungen-Inlandsprodukt/Publikationen/Downloads-Inlandsprodukt/zusammenhaenge-pdf-0310100.pdf?__blob=publicationFile. Letzter Abruf: 04/23.

8 OECD: Taxing Wages 2023. Paris 2023.

9 Martin Greive und Jan Hildebrand: »Bei Steuern und Abgaben ist Deutschland Vizeweltmeister«. In: handelsblatt.com, 26.4.2023. Online unter: https://www.handelsblatt.com/politik/deutschland/oecd-bei-steuern-und-abgaben-ist-deutschland-vizeweltmeister/29112548.html Letzter Abruf: 02/24.»OECD-Vergleich Hohe Steuer- und Abgabenlast in Deutschland« Online unter: https://www.tagesschau.de/wirtschaft/verbraucher/oecd-steuern-abgaben-deutschland-100.html Letzter Abruf: 07/23.

10 Monatsbericht des BMF Juli 2022: Die wichtigsten Steuern im internationalen Vergleich. Online unter: https://www.bundesfinanzministerium.de/Monatsberichte/2022/07/Inhalte/Kapitel-3-Analysen/3-3-steuern-im-internationalen-vergleich-pdf.pdf?__blob=publicationFile&v=5 Letzter Abruf 07/23.

11 Vgl. Private-Banking-Maganzin.de, Grafik der Woche: »So hoch sind die vermögensbezogenen Steuern in den OECD-Ländern«. 2019. Online unter: https://www.private-banking-magazin.de/grafik-der-woche-so-hoch-sind-vermoegensbezogene-steuern-in-den-oecd-laendern/ Letzter Abruf 07/23.

12 Martin Beznoska: »Wer zahlt wieviel Einkommensteuer in Deutschland?« IW-Kurzbericht 74/2018. Hg.: Institut der Deutschen Wirtschaft 2018.

13 Vgl. Bundeszentrale für politische Bildung: »Steuereinnahmen nach Steuerarten«. In: bpb.de, online unter: https://www.bpb.de/kurz-knapp/zahlen-und-fakten/soziale-situation-in-deutschland/61874/steuereinnahmen-nach-steuerarten/#:~:text=Der%20Anteil%20der%20Lohn%2D%20und,2%20auf%208%2C7%20Prozent. Letzter Abruf 07/23.

14 Es ist für mich bezeichnend, dass wir mit unseren Armutsberichten, die wir in der Parität seit 1989 verfassen, so lange keine wirklichen politischen Angriffe und Kritiken erlebten, bis wir 2015 unsere Armutsfakten mit der Forderung nach gesellschaftlicher Umverteilung verknüpften. Und es waren in der Tat Journalistinnen und Journalisten von *ZEIT*, *Focus*, *Welt* und ähnlichen Blättern, die sich seltsamerweise am meisten echauffierten. Siehe dazu Ulrich Schneider: »Armut kann man nicht skandalisieren, Armut ist der Skandal! Vom Kampf um die Deutungshoheit über den Armutsbegriff«. In: Ulrich Schneider (Hg.): »Kampf um die Armut. Von echten Nöten und neoliberalen Mythen«. Frankfurt am Main 2015, S. 31 ff.

15 Vgl. Statista Jahresüberschuss bzw. Jahresfehlbetrag der Otto Group in den Geschäftsjahren 2007/08 bis 2022/23. Online unter: https://de.statista.com/sta tistik/daten/studie/158989/umfrage/umsatz-und-gewinn-der-otto-group/ Letzter Abruf 07/23.

16 »Hohe Tankpreise – Ölkonzerne verbuchen im Krieg Rekordgewinne«. In: t-online.de, 22.7.2022. Online unter: https://www.t-online.de/finanzen/aktuel les/wirtschaft/id_100033034/oelkonzerne-verbuchen-im-krieg-rekordgewinne. html Letzter Abruf 07/22.

17 Andreas Niesmann: »Lindners Herz für die Öl-Multis«. In: rnd.de, online unter: https://www.rnd.de/wirtschaft/christian-lindner-und-die-uebergewinnsteuer-ein-herz-fuer-die-oel-multis-4PXFYS4FAFA5FAOU5UOOV4GW5A.html. Letzter Abruf: 05/24.

18 Danach sollen Gewinne, die mehr als 20 Prozent über den durchschnittlichen Gewinnen der Jahre 2018 bis 2020 hinausragen, für 2023 und 2024 mit 33 Prozent besteuert werden. Unter dem Strich bleibt also noch ganz veritabler Übergewinn.

19 Vgl. Ulrich Schneider: »Solidarpakt gegen die Schwachen. Der Rückzug des Staates aus der Sozialpolitik«. München 1993, S. 68 ff. / Gesetzentwurf der Bundesregierung: Entwurf eines Gesetzes zur Verbesserung der Haushaltsstruktur (Haushaltsstrukturgesetz — HStruktG) BT-Ds. 7/4127 vom 8.10.1975.

20 Vgl. Ulrich Schneider: »Solidarpakt gegen die Schwachen. Der Rückzug des Staates aus der Sozialpolitik«. München 1993. S. 11 ff. Der Abbau von Subventionen bei Werften, Kohle und in der Landwirtschaft betrug in dem Paket 22 Milliarden, Steuervorteile wurden nur in Höhe von 17 Milliarden Mark gestrichen.

21 Rudolf Martens: »Unter unseren Verhältnissen II .... Atlas der Sozialkürzungen der Bundesregierung 2011 bis 2014«. Hg.: Paritätischer Gesamtverband, Berlin 2010.

22 Ulrich Schneider: »Kein Wohlstand für alle – Wie sich Deutschland selber zerlegt und was wir dagegen tun können«. Frankfurt am Main 2017.

23 Ulrich Schneider: »Armes Deutschland – Neue Perspektiven für einen anderen Wohlstand«, München 2010.

24 Matthäus 10, 1–16.

25 Einen Solidaritätsgedanken, der die Starken für die Schwachen einstehen lässt, finden wir am ehesten noch in der gesetzlichen Krankenversicherung. Die Beitragshöhe bemisst sich am Einkommen, zumindest bis zu einer gewissen Höhe. An der sogenannten Beitragsbemessungsgrenze ist dann aber auch schon wieder Schluss mit der Solidarität. Alles Einkommen, was darüber liegt, bleibt bei der Beitragsberechnung außen vor. Die politische Begründung: Man möchte den Solidargedanken ja auch nicht »überstrapazieren«.

26 Bundesministerium für Arbeit und Soziales: Übersicht über die Soziale Sicherheit. Bonn 1990.

27 Katharina Schuler: »Arbeiten fürs Essen«. In: zeit.de, 10.5.2006. Online unter: https://www.zeit.de/online/2006/20/Schreiner Letzter Abruf 7.4.2023. Wörtlich schrieb Bebel in *Die Frau und der Sozialismus*: »Wer nicht arbeitet,

soll auch nicht essen« und berief sich damit auf die Bibel. Apostel Paulus muss man dabei jedoch insofern Gerechtigkeit widerfahren lassen, als es in seinem Brief an die Thessalonicher heißt: »Wer nicht arbeiten will, der soll auch nicht essen.«

28 Vgl. Ulrich Schneider: »Armes Deutschland – Neue Perspektiven für einen anderen Wohlstand«. Frankfurt am Main 2010, S. 81 ff./ 158 f.

29 Barbara Dribbusch: »Clements letzter Amoklauf im Amt«. In: *taz* vom 21.10.2005.

30 Vgl. Ulrich Schneider: »Armes Deutschland. Neue Perspektiven für einen anderen Wohlstand«. Frankfurt am Main 2010, S. 148 ff.

31 Vgl. Ulrich Schneider 2010, a. a. O., S, 159 ff.

32 Hannes Koch: »Arbeitsminister Olaf Scholz: Der Schmerztherapeut«. In: taz. de, 27.11.2008. Online unter: https://taz.de/Arbeitsminister-Olaf-Scholz/!51720 48/ Letzter Abruf 05/23.

33 Interview mit Andrea Nahles in der *Süddeutschen Zeitung* vom 27.3.2015: »Ein schönes Auto fahren, das ist für mich Luxus« von Guido Bohsem und Thomas Öchsner.

Vorurteile und Widerspüche

1 Nico Schnurr: »Mitinitiatorin von #IchBinArmutsbetroffen: ›Ich brauche keine Spartipps von Politikern. Da fühle ich mich verhöhnt‹«. In: stern.de, 1.11.2022. Online unter: https://www.stern.de/gesellschaft/-ichbinarmutsbetroffen--was-armut-in-zeiten-der-inflation-bedeutet-32796344.html Letzter Abruf 04/23.

2 »Glaubt Scholz allen Ernstes, dass 200 Euro Einmalzahlung reichen? Geht der Mann nicht einkaufen?« In: *Der Spiegel* 37/2022.

3 »Große Resonanz auf Initiative #IchBinArmutsbetroffen«. In: zdf.de, 5.6.2022. Online unter: https://www.zdf.de/nachrichten/panorama/initiative-ichbinar mutsbetroffen-100.html Letzter Abruf 04/23.

4 Sophia Stritzel: »#ichbinarmutsbetroffen: Initiative einer selbst betroffen Frau gibt Armut eine Stimme«. In: tagesschau.de, 31.10.2022. Online unter: https:// www.tagesschau.de/multimedia/video/video-1108437.html Letzter Abruf 04/23.

5 Vgl. Ulrich Schneider: »Armut kann man nicht skandalisieren, Armut ist der Skandal. Vom Kampf um die Deutungshoheit über den Armutsbegriff«. In: Ulrich Schneider (Hg.): »Kampf um die Armut. Von echten Nöten und neoliberalen Mythen«. Frankfurt am Main 2015, S. 31 ff.

6 Valerie Schönian: »Alleinerziehende Mütter: Die Krisenmanagerin«. In: zeit. de, 28.9.2022. Online unter: https://www.zeit.de/2022/40/alleinerziehende-muetter-armutsgrenze-unterhalt-energiekrise-inflation Letzter Abruf 04/23.

7 Jörg Wimalasena: »#IchBinArmutsbetroffen. Der Aufstand der Armen«. In: welt.de, 19.5.2022. Online unter: https://www.welt.de/politik/deutschland/plus238845017/Hashtag-IchBinArmutsbetroffen-Der-virale-Aufstand-der-Ar men.htm Letzter Abruf 04/23.

8 Vgl. dazu Ulrich Schneider: »Armes Deutschland. Neue Perspektiven für einen anderen Wohlstand.« Frankfurt am Main 2010, S. 147 ff.

9 Vgl. a. a. O., S. 200 ff.

10 »An die deutsche Mittelschicht denkt niemand«. Gastbeitrag von Guido Westerwelle. In: *Die Welt* vom 2.11.2010.

11 »Westerwelle warnt vor Vollversorgungsstaat«. In: spiegel.de, 11.2.2010. Online unter: https://www.spiegel.de/politik/deutschland/hartz-iv-debatte-westerwelle-warnt-vor-vollversorgerstaat-a-677163.html Letzter Abruf 04/23.

12 Markus Söder: Bürgergeld? »Wer arbeitet, muss mehr haben, als jemand der nicht arbeitet!« Welt-TV, 12.09.2022. Online unter: https://www.youtube.com/watch?feature=shared&v=mZzbHrMKwyM Letzter Abruf 11/23.

13 Frauke Böger: »Merz und der ›Sozialtourismus‹«. Ein Debattencheck von Frauke Böger. In: spiegel.de, 27.9. 2023. Online unter: https://www.spiegel.de/kultur/friedrich-merz-und-der-sozialtourismus-was-ist-denn-jetzt-schon-wie-der-meinung-a-dfaee716-3005-4ef8-91f6-c89b8b67bffc Letzter Abruf 04/23.

14 Frank Specht: »Bürgergeld: Für Haushalte mit Mindestlohn würde sich Arbeit weniger lohnen«. In: handelsblatt.com, Online unter: https://www.handelsblatt.com/politik/deutschland/sozialstaat-reform-wenn-sich-arbeiten-nicht-mehr-lohnt-wie-das-buergergeld-das-lohnabstandsgebot-verletzt/28783048.html Letzter Abruf 04/23.

15 Leider ist die Seite im Internet-Account des Handelsblatts nicht mehr verfügbar.

16 Diese Betrachtung des Vorurteils ist stark inspiriert durch die Individualpsychologie Alfred Adlers. Ich empfehle sehr seine beiden Klassiker *Menschenkenntnis* von 1927 und *Der Sinn des Lebens* aus dem Jahre 1933.

17 Fabian Beckmann, Rolf G. Heinze, Dominik Schad, Jürgen Schupp: »Bürgergeld statt Hartz IV: Was sich Langzeitarbeitslose von der geplanten Reform erhoffen«. In: *DIW-Wochenbericht* 31/32/2022, S. 411–420.

18 S. etwa die gemeinsame Erklärung zur Abschaffung der Sanktionen vom November 2019, nachdem das Bundesverfassungsgericht die Sanktionspraxis der Jobcenter für verfassungswidrig erklärt hatte. Online unter: Gemeinsame-Erklaerung-Hartz-IV-Sanktionen-Fuer-ein-sicheres-Existenzminimum-Grundsicherungsbeziehende-foerdern-statt-Eingriffe-ins-Existenzminimum.pdf Letzter Abruf 04/23.

19 Im Auftrag des Vereins Sanktionsfrei e. V. begleitete das Institut für Sozial- und Wirtschaftsforschung (INES Berlin) drei Jahre lang Hartz-IV-Beziehende, um die Wirkung von Sanktionen und garantierter Sanktionsfreiheit festzustellen. Die Studie wurde am 12.9.2022 von Sanktionsfrei und INES mit Unterstützung vom Direktor des DIW, Marcel Fratzscher, und des Hauptgeschäftsführers des Paritischen Gesamtverbandes der Öffentlichkeit vorgestellt. Die Forderung nach einer kompletten Abschaffung der Sanktionen wurde noch einmal bekräftigt. Online unter: https://sanktionsfrei.de/assets/policy_paper_hartz plus.pdf

20 Es wurde lediglich eine sogenannte Vertrauenszeit in den ersten sechs Monaten des Leistungsbezugs vereinbart, während der nur hartnäckige Terminversäumnisse mit Leistungskürzungen geahndet würden, nicht aber sonstige Fehlverhalten. Nach Ablauf dieses Moratoriums sollte dann wieder das volle

verfassungsrechtlich erlaubte Sanktionsprogramm gelten, das heißt Kürzungen bis zu 30 Prozent der Leistungen.

21 »CDU will Hartz-IV-Reform noch stoppen: ›Bürgergeld ist der Weg in ein bedingungsloses Grundeinkommen‹«. In: tagesspiegel.de, online unter: https://www.tagesspiegel.de/politik/cdu-will-hartz-iv-reform-noch-stoppen-burger geld-ist-der-weg-in-ein-bedingungsloses-grundeinkommen-aus-steuermit teln-8868145.html Letzter Abruf 04/23.

Was nun?

1 »Armutsgefährdungsquote nach Sozialleistungen in den Ländern der EU im Jahr 2022«. Online unter: https://de.statista.com/statistik/daten/studie/1171/umfrage/armutsgefaehrdungsquote-in-europa/ Letzter Abruf 11/23.

2 Der Terminus Gleichwürdigkeit geht auf den dänischen Familientherapeuten Jesper Juul zurück. Vergleiche etwa die Schrift Jesper Juul: »Was Familien trägt«. München 2006. Trabert benutzte den Begriff jedoch in einem durchaus breiteren Kontext.

3 Friedhelm Hengsbach: »Zur Ethik freier Wohlfahrtspflege in einer gespaltenen Gesellschaft«, unv. Manuskript. Berlin 2015.

4 154 Vgl. Stifterverband Bildung, Wissenschaft, Innovation: »Hochschulbildung in der Transformation. Internet Hochschul-Bildungs-Report 2020, Abschlussbericht«. In: hochschulbildungsreport.de, online unter: https://www.hoch schulbildungsreport.de/sites/hsbr/files/hochschul-bildungs-report_abschluss bericht_2022.pdf Letzter Abruf 02/24.

5 Richard Wilkinson und Kate Pickett: »Gleichheit ist Glück. Warum gerechte Gesellschaften für alle besser sind.« Frankfurt 2009.

6 Vgl. a.a.O., S. 208 ff.

7 Vgl. a.a.O., S. 213 ff.

8 vgl. a.a.O., S. 58 ff.

9 Vgl. a.a.O., S. 68 ff.

10 Vgl. Europäische Union: Ranking der Mitgliedsländer und Beitrittskandidaten nach Ungleichheit bei der Einkommensverteilung auf Basis des Gini-Index im Jahr 2022. Online unter: https://de.statista.com/statistik/daten/studie/9427 29/umfrage/ranking-der-eu-laender-nach-einkommensungleichheit-im-gini-index/ Letzter Abruf 01/24.

11 WSI-Verteilungsbericht 2022. In: wsi.de, online unter: https://www.wsi.de/de/verteilungsbericht-2022-30037-gini-koeffizient-30069.htm Letzter Abruf 01/24.

12 Vgl. Deutscher Bundesbank Monatsbericht April 2023: »Vermögen und Finanzen privater Haushalte in Deutschland: Ergebnisse der Vermögensbefragung 2021«. Frankfurt am Main 2023, S. 25 ff.

13 Carsten Schröder, Charlotte Bartels, Konstantin Göbler, Markus M. Grabka, Johannes König: »MillionärInnen unter dem Mikroskop: Datenlücke bei sehr hohen Vermögen geschlossen – Konzentration höher als bisher ausgewiesen«. In: *DIW-Wochenbericht* 29/2020, S. 511–521.

14 Credit Suisse/UBS: »Global Wealth Databook 2023 – Leading perspectives to navigate the future«, S. 125 ff. Online unter: databook-global-wealth-report-2023-en-2.pdf Letzter Abruf 01/24.

15 Regelbedarfe 2024: Fortschreibung der Paritätischen Regelbedarfsforderung – Kurzexpertise der Paritätischen Forschungsstelle Berlin 2023. In: der-paritaetische.de, Online unter: https://www.der-paritaetische.de/fileadmin/user_upload/Publikationen/doc/expertise_regelsatzberechnung-2023.pdf Letzter Abruf 01/24.

16 Hinzu kämen Kosten für die Menschen, die mit der Erhöhung zusätzlich in die Grundsicherung »hineinwachsen«. Die Ausgaben dafür wären aber in jedem Fall sehr überschaubarer, da es sich nur um kleinere Aufstockungsbeträge handeln würde.

17 Der Höchstsatz beträgt 2024 934 Euro. Darin sind 360 Euro Mietkostenzuschuss für Studierende enthalten, die nicht bei den Eltern wohnen.

18 Deutscher Bundestag: Drucksache 20/8636. Antwort der Parlamentarischen Staatssekretärin Kerstin Griese vom 6. Oktober 2023 auf die Anfrage des Abgeordneten Pascal Meiser, Fraktion Die Linke.

19 Bei einem Single wären dies am Monatsende 2 427 Euro und 1 707 Euro netto – bei einer 40-Stunden-Woche.

20 Vgl. zum Konzept der Bürgerversicherung ausführlich Ulrich Schneider: »Kein Wohlstand für alle!? Wie sich Deutschland selber zerlegt und was wir dagegen tun können«. Frankfurt Am Main 2017. S. 157 ff.

21 Rund jeder dritte Pflegebedürftige in einer Einrichtung ist derzeit auf Sozialhilfe angewiesen. Zum Konzept der Pflegevollversicherung als Bürgerversicherung vgl. Hans Rothgang, Dominik D. Fomhoff: »Die Pflegebürgerversicherung als Vollversicherung. Beitrags- und Verteilungseffekte bei Umwandlung der Pflegeversicherung in eine Bürgerversicherung mit Vollversicherung«. In: Hans-Böckler-Stiftung Working Paper Forschungsförderung Nr. 150, September 2019.

22 Viktoria Noka, Johanna Cludius, Malte Bei der Wieden, Victoria Liste, Katja Schumacher, Sibylle Braungardt: »Wohn- und Energiekostenbelastung von Mietenden«. Hg.: öko-Institut e.V. im Auftrag des Deutschen Mieterbundes Freiburg 2023.

23 Pressemeldung des statistischen Bundesamtes: »Haushalte wendeten 2022 durchschnittlich 27,8 % ihres Einkommens für die Miete auf«. In: destatis.de, 31.3.2023. Online unter: https://www.destatis.de/DE/Presse/Pressemitteilungen/2023/03/PD23_129_12_63.html#:~:text=WIESBADEN%20%E2%80%9936 1E9 3%20Im%20Jahr%202022%20haben,verbrauchsunabh%C3%A4ngiger%20 Betriebskosten)%20am%20Haushaltsnettoeinkommen%20an. Letzter Abruf 01/24.

24 Pressemitteilung des Statistischen Bundesamtes: »Wohnkosten: 10,7 % der Bevölkerung galten 2021 als überbelastet«, 26.08.2022. In: destatis.de, online unter: https://www.destatis.de/DE/Presse/Pressemitteilungen/2022/08/PD22 _N054_61.html#:~:text=Wer%20im%20Jahr%202021%20in,im%20Schnitt %20f%C3%BCr%20Wohnkosten%20aus. Letzter Abruf 01/24.

25 Vgl. Deutscher Gewerkschaftsbund und Deutscher Mieterbund: »Halbzeitbilanz Ampel – Verschärfte Krise am Miet- & Wohnungsmarkt – Bilanz und Forderungen des Deutschen Mieterbundes & des Deutschen Gewerkschaftsbundes«, Dezember 2023. Online unter: https://mieterbund.de/app/uploads/2023/12/Halbzeitbilanz-Mieten-und-Wohnungspolitik-Ampel.pdf. Letzter Abruf 01/24.

26 Vgl. Stephan Brand, Daniel Römer: »5 Bio. EUR klimafreundlich investieren – eine leistbare Herausforderung«. In: *KfW Research Fokus Volkswirtschaft* Nr. 350 vom 7.10.2019.

27 Christian Raffer, Henrik Scheller: KfW-Kommunalpanel 2023. Hg.: KfW-Research Frankfurt am Main 2023.

28 Vgl. Statistisches Bundesamt: A.6 Armutsgefährdungsquoten, Großstädte (Bundesmedian, Landesmedian, regionaler Median). Stand 2022. In: statistikportal.de, online unter: https://www.statistikportal.de/de/sbe/ergebnisse/einkommen-armutsgefaehrdung-und-soziale-lebensbedingungen/armutsgefaehrdung-und-8 Letzter Abruf 01/24.
Vgl. Statistisches Bundesamt: Integrierte Schulden der Gemeinden und Gemeindeverbände. Anteilige Modellrechnung für den interkommunalen Vergleich. 9.11.2022. Online unter: https://www.statistikportal.de/de/veroeffentlichungen/integrierte-schulden-der-gemeinden-und-gemeindeverbaende Letzter Abruf 01/24.

29 Deutsche Bundesbank/Statistisches Bundesamt: Vermögensbilanzen 1999 – 2022. In: destatis.de, online unter: https://www.destatis.de/DE/Themen/Wirtschaft/Volkswirtschaftliche-Gesamtrechnungen-Inlandsprodukt/Publikationen/Downloads-Vermoegensrechnung/vermoegensbilanzen-pdf-5816103.pdf?__blob=publicationFile Letzter Abruf 01/24.

30 Vgl. Stefan Bach: Grunderbe und Vermögensteuern können die Vermögensungleichheit verringern. In: *DIW-Wochenbericht* 50/2021, S. 807–8015.

31 Vgl. ausführlich Ulrich Schneider: »Kein Wohlstand für alle!? Wie sich Deutschland selber zerlegt und was wir dagegen tun können«. Frankfurt am Main 2017, S. 199 ff.

32 Marcel Fratzscher: »Wir brauchen eine andere Erbschaftssteuer«. In: zeit.de, 16.12.2022. Online unter: https://www.zeit.de/wirtschaft/2022-12/erbschaftsteuer-steuerreform-debatte-erbe-vermoegen Letzter Abruf 01/24.

33 Alexander Hagelüken: »Wer viel erbt, zahlt kaum Steuern«. In: *Süddeutsche Zeitung* vom 2.12.2019. Online unter: https://www.sueddeutsche.de/wirtschaft/erben-steuern-erbschaftsteuer-ungleichheit-1.4704923 Letzter Abruf 01/24.

34 Vgl. Bundesministerium für wirtschaftliche Zusammenarbeit (BMZ): INNOVATIVE FINANZIERUNGSINSTRUMENTE – Besteuerung von internationalen Finanztransaktionen 2023. Online unter: https://www.bmz.de/de/themen/finanztransaktionssteuer Letzter Abruf 01/24.

35 Vgl. Finanzwende e. V., Finanztransaktionssteuer: In Deutschland fallen auf die meisten Käufe Steuern an. Bei Finanzprodukten ist das prinzipiell nicht der Fall«. In: finanzwende.de, 1.7.2019. Online unter: https://www.finanzwende.

de/themen/banken-und-schattenbanken/finanztransaktionssteuer Letzter Abruf 01/24.

36 Vgl. Ulrich Schneider: »Die Narrative des Neoliberalismus: Von Verlockungen und Denkschwellen«. In: Ulrich Schneider (Hg.): »Für alle, nicht die wenigen – Warum wir unsere Zukunft nicht den Märkten überlassen dürfen«. Frankfurt am Main 2021, S. 55 ff.

37 Vgl. Ulrich Bröckling: »Das unternehmerische Selbst. Soziologie einer Subjektivierungsform«. Berlin 2007.

38 Vgl. Victor Klemperer: »LTI. Notizbuch eines Philologen«. Leipzig 1996, S. 24 f., Erstveröffentlichung 1947.

39 S. Ulrich Bröckling a. a. O., S. 50.

40 Vgl. Zygmunt Bauman: »Retten uns die Reichen?« Freiburg 2015, S. 43.